DATA SCIENCE E ANALYTICS EM PERSPECTIVAS
1º Volume

- ORGANIZADORES –
Claudio Fernando André
Jorge Costa Silva Filho

André, Claudio Fernando.
Data Science e Analytics em Perspectivas: Cláudio
Fernando André, Jorge Costa Silva Filho
(org) 1º vol. São Paulo:
Amazon.com, 2024.

ISBN: 9798302093202
ASIN: ASIN: B0DPGPDD41
1. Data Science. 2.Inovação. 3. Tomada de decisão

Sumário

PRÓLOGO

No início deste século XXI, encontramo-nos imersos em um oceano de dados. Cada interação digital, cada transação comercial, cada batimento cardíaco registrado por um dispositivo *wearable* gera informações que, quando adequadamente analisadas, podem revelar padrões surpreendentes e insights valiosos. É neste contexto de abundância informacional que a Ciência de Dados e a Analytics emergem como faróis, iluminando o caminho para um futuro onde decisões são tomadas com base em evidências sólidas e análises profundas.

O livro "Data Science e Analytics em Perspectivas", é mais do que uma simples coletânea de estudos e pesquisas. É um testemunho vivo da revolução que está ocorrendo em diversos setores da sociedade, impulsionada pelo poder transformador dos dados.

Imagine um mundo onde doenças são previstas antes mesmo de manifestarem seus primeiros sintomas, onde empresas compreendem as necessidades de seus clientes antes mesmo que estes as expressem, onde as estratégias de marketing são tão precisas que parecem ler mentes. Este não é um cenário de ficção científica, mas sim o presente que estamos construindo e o futuro que se descortina diante de nós.

Nas páginas que se seguem, você será guiado por uma jornada fascinante através dos diversos domínios onde a Ciência de Dados e a *Analytics* estão deixando suas marcas indeléveis. Da saúde à indústria, dos serviços financeiros ao marketing digital, cada capítulo é uma janela para um universo de possibilidades.

Você descobrirá como algoritmos sofisticados estão sendo empregados para prever doenças cardiovasculares, potencialmente salvando incontáveis vidas. Verá como a análise de satisfação do cliente está revolucionando a forma como as empresas se relacionam com seus consumidores, criando experiências personalizadas e memoráveis.

Adentrará o mundo da transformação digital no setor bancário, onde a inteligência artificial não é apenas um negócio, mas uma realidade que está redefinindo a forma como lidamos com nossas finanças. Explorará as nuances das estratégias de marketing baseadas em dados, onde a criatividade humana se alia ao poder computacional para criar campanhas que realmente ressoam com o público-alvo.

Mas este livro vai além das aplicações puramente comerciais ou técnicas. Ele também lança luz sobre questões profundamente humanas, como as preferências dos profissionais em relação aos modelos de trabalho no mundo pós-pandemia. Aqui, a Ciência de Dados se revela não apenas como uma ferramenta para otimização de processos, mas como um meio de compreender melhor as necessidades e aspirações humanas.

À medida que você avança pelas páginas deste livro, prepare-se para ser desafiado, inspirado e, acima de tudo, educado. Cada estudo, cada análise, cada insight compartilhado aqui é um convite para repensar o que é possível quando combinamos o poder dos dados com a criatividade e a engenhosidade humanas.

Estamos no auge de uma nova era, onde os dados não são apenas números em uma planilha, mas a matéria-prima a partir da qual construímos um futuro mais inteligente, eficiente e humano. Este livro é seu guia nessa jornada emocionante.

As perspectivas que você encontrará aqui não são apenas vislumbres do futuro - são os alicerces sobre os quais esse futuro está sendo construído agora.

Bem-vindo à revolução dos dados. Bem-vindo ao futuro.

Boa leitura!

Professor Doutor Claudio André

PREFÁCIO

Estamos em plena era da informação. A cada dia surgem novas ferramentas que nos permitem extrair insights valiosos para tomada de decisões ou solução de problemas complexos. Este livro contempla pesquisas que utilizam inteligência artificial e mecanismos avançados de análise de dados em uma vasta gama de aplicações, nas áreas de saúde, indústria e negócios.

No campo da saúde, são apresentados modelos para prever eventos adversos, como doenças cardiovasculares, mostrando um vislumbre das novas soluções aplicáveis na medicina personalizada e preventiva. No setor de serviços, mostra-se como a análise da satisfação do cliente e visualização de dados podem impactar a relação entre empresas e consumidores, no sentido de promover maior fidelização e melhoria das operações.

O livro também destaca a transformação digital em setores como o bancário, evidenciando como a inteligência artificial e a visualização de dados impulsionam a tomada de decisão e a personalização de serviços. Além disso, os capítulos dedicados à análise de campanhas digitais e estratégias de marketing mostram como a criatividade pode se aliar a dados para aprimorar resultados.

Também são usadas técnicas de machine learning para análise de crédito, seleção de ativos no mercado financeiro e estratégias para negociação de criptomoedas. Cada estudo traz soluções práticas que apontam os potenciais das novas tecnologias nessas áreas.

Destaca-se ainda o uso da ciência de dados na análise de preferências de profissionais sobre modelos de trabalho no mundo pós-pandemia. Essas ferramentas permitem que as organizações entendam melhor as necessidades humanas e possam criar ambientes de trabalho mais inclusivos e produtivos.

Este livro se destina a profissionais, pesquisadores e estudantes que buscam entender as possibilidades trazidas pelo uso de tecnologias avançadas para resolver desafios da atualidade. Que esta leitura inspire novas ideias e promova o desenvolvimento de soluções impactantes.

Boa leitura!

Doutora Adriana Camargo de Brito
Pesquisadora na Seção de Inteligência Artificial e Analytics no
Instituto de Pesquisas Tecnológicas

APRESENTAÇÃO

A ciência de dados e a análise avançada, D*ata Science e Analytics*, têm se tornado ferramentas indispensáveis na tomada de decisão estratégica, impulsionando inovações em diversas áreas do conhecimento.

Este livro apresenta uma coletânea de estudos aplicados, cobrindo temas que vão desde a saúde até a indústria financeira, explorando como a combinação de dados e tecnologia pode transformar cenários desafiadores em oportunidades de desenvolvimento.

Cada capítulo traz uma abordagem teórico/prática, demonstrando o impacto direto do uso de modelos preditivos e analíticos em problemas reais. A área da saúde ganha destaque com o capítulo sobre a previsão de eventos cardiovasculares adversos maiores, utilizando aprendizado de máquina para melhorar o diagnóstico e reduzir riscos. Em outro estudo, a aplicação de indicadores de qualidade é explorada como um diferencial para direcionar negócios, trazendo insights para otimizar recursos e processos empresariais. Esses exemplos ilustram como a análise de dados pode salvar vidas e aumentar a competitividade organizacional. A revolução tecnológica da Indústria 4.0 e seu impacto no sistema financeiro também é discutido. Tecnologias como inteligência artificial e *blockchain* são apresentadas como catalisadoras de mudanças profundas, transformando a experiência dos clientes e a eficiência das operações. Em paralelo, há uma análise da percepção de gestores quanto à tomada de decisão baseada na visualização de dados (DDDM), enfatizando a importância de ferramentas acessíveis e intuitivas para maximizar o potencial estratégico e de negócios. O livro também aborda o poder dos *Large Language Models* (LLMs), explorando como essas tecnologias inovadoras podem transformar o trabalho de grandes volumes de informações textuais como as aplicações de perguntas e respostas em documentos, revolucionando a acessibilidade e a organização da informação. Além disso, a análise de campanhas digitais e a otimização de estratégias de marketing por meio de regras de associação oferecem uma visão prática de como aumentar a conversão em ambientes competitivos. Por fim, temas como análise de risco de crédito, seleção de ações utilizando métodos multicritério, e as novas preferências de trabalho pós-pandemia (presencial, híbrido ou remoto) ampliam o escopo do livro, mostrando a versatilidade, a multidisciplinaridade e a transversalidade da ciência de dados.

A obra se posiciona como leitura indispensável para profissionais, pesquisadores e estudantes que desejam compreender o poder transformador do *Data Science e Analytics* em diferentes contextos de negócios, de inovação e pesquisa e desenvolvimento.

Consultor de Empreendedorismo & Inovação
Prof. Dr. Luciano Avallone

CAPÍTULO 1 | PREVISÃO DE EVENTOS CARDIOVASCULARES ADVERSOS MAIORES UTILIZANDO APRENDIZADO DE MÁQUINA

Daniel Paulino Figueiredo Padula
Jorge Costa SilvaFilho

RESUMO

O objetivo deste capítulo foi prever Doenças Cardiovasculares Adversas Maiores (MACE) em até 5 anos utilizando modelos supervisionados de Machine Learning (ML). O contexto envolve a prevalência de doenças cardiovasculares como principal causa de morte mundial e o uso de dados de Registros de Saúde Eletrônicos (EHR), que fornecem uma base valiosa para previsões. A questão problematizadora é: como usar técnicas de ML para prever com precisão MACE em pacientes, utilizando grandes volumes de dados hospitalares? A justificativa está na relevância de ferramentas preditivas para melhorar o diagnóstico precoce e o tratamento de condições cardiovasculares, aproveitando bases de dados extensas. A metodologia adotou a Regressão Logística Binária e Random Forest (RF). Os dados analisados provêm de mais de 10 anos de histórico de um hospital, com uma coorte de 48.413 pacientes, dos quais 5.831 desenvolveram MACE. O referencial teórico explora o uso de métodos supervisionados para prever eventos médicos adversos. Os resultados mostram que o modelo RF obteve melhor desempenho com uma área sob a curva ROC de 0,82, enquanto o modelo de Regressão Logística também foi eficaz, com ROC > 0,80. Futuras pesquisas podem explorar novas coortes, variáveis explicativas e períodos de previsão para aprimorar a especificidade das ferramentas preditivas.

Palavras-chave:.DOENÇAS CARDIOVASCULARES; MODELOS DE PREDIÇÃO; INTELIGÊNCIA ARTIFICIAL; REGISTROS MÉDICOS ELETRÔNICOS; AVALIAÇÃO DE RISCO

1 INTRODUÇÃO

Como um dos principais órgãos do corpo humano, o coração é responsável por bombear sangue para todas as partes da nossa anatomia e, caso este não funcione corretamente, possivelmente o cérebro e outros órgãos também não funcionem e até causem a morte do indivíduo (Ramalingam et al., 2018). Eventos Cardiovasculares Adversos Maiores [MACE] são representados por infarto do miocárdio, fibrilação atrial, insuficiência cardíaca e acidentes vasculares cerebrais, os quais são afetados por fatores de risco como raça, etnia, idade, sexo, peso, entre outros (Wolf et al., 1991; Simons et al., 1998; Wang et al., 2003; Piepoli et al., 2016)

As Doenças Cardiovasculares [DCV] se destacam como uma das causas de morte mais relevantes em todo o mundo e são responsáveis pela morte de 17,7 milhões de pessoas todo ano, representando 31% de todas as mortes (Ramalingam et al., 2018). Uma das queixas mais comuns em pacientes atendidos pelo departamento de emergência dos Estados Unidos e Europa é a dor no peito, estimando-se que 55% destes pacientes tenham uma causa não cardíaca para esta dor e apenas 20% são diagnosticados com síndromes coronárias agudas (Nawar et al., 2007; Roberts et al., 1997).

Dados sobre questões relacionadas à saúde são coletados por organizações médicas em todo o mundo e técnicas de aprendizado de máquina (ML) são possíveis de serem utilizadas para explorar esses dados e obter informações para prever as DCV (Ramalingam et al., 2018). Tais informações são capazes de beneficiar pacientes assintomáticos quando esses são identificados com base no risco previsto, conforme as diretrizes clínicas atuais para prevenção primária de DCV (Conroy et al., 2003; D'Agostino et al., 2008; Kremers et al., 2008; Sjo¨stro¨m et al., 2004).

Em 1964 Warner et al. publicou um dos primeiros estudos explorando o papel dos algoritmos de computadores e dos programas matemáticos para o diagnóstico de doenças cardíacas congênitas, baseado no teorema da probabilidade de Baye (Mathur et al., 2020).

A recente padronização e sistematização dos grandes volumes de dados médicos resultaram numa possível análise de fatores de risco, os quais anteriormente eram desconhecidos, permitindo avaliar a significância estatística desses com a ocorrência de doenças e rastreamento dessas (Lee et al., 2017). O desempenho das previsões de risco é passivo de ser melhorado por meio de técnicas de ML, explorando bases de dados e assumindo novas variáveis explicativas e interações mais complexas entre elas (Ambale-Venkatesh et al., 2017; Ahmad et al., 2018).

Desse modo espera-se um aprimoramento e generalização de modelos de previsão de risco por intermédio do desenvolvimento de algoritmos de ML, utilizando dados em escala de Registro de Saúde Eletrônicos [EHR], possibilitando combinações de variáveis para predizer um resultado de maneira confiável (Dimopoulos et al., 2018). Esses conjuntos de dados coletados, normalmente, são massivos e contém ruídos, tornando necessário a redução da dimensionalidade, envolvendo representações matemáticas com o objetivo de manter apenas as informações que sejam estatisticamente significativas para prever DCV (Ramalingam et al., 2018).

Apesar da viabilidade de implementação de algoritmos para pesquisa em diferentes bases de dados, o julgamento para estas implementações e a interpretação clínica são desafiadores para os profissionais da ciência de dados (Krittanawong et al, 2020). Ensaios Clínicos Randomizados [RCTs] e estudos observacionais estão utilizando, cada vez mais, os Eventos Cardiovasculares Adversos Maiores [MACE] como desfechos compostos por mais de um código de Classificação Internacional de Doença [CID] (Bosco et al., 2021). No entanto, por meio dos estudos observacionais, ainda não está definido na literatura quais códigos CID compõem o MACE, considerando os códigos CID da 9ª ou 10ª Revisão (CID-9 ou CID-10) (Bosco et al., 2021).

Pacientes com MACE, como infarto do miocárdio ou acidente vascular cerebral [AVC], são hospitalizados frequentemente e apresentam altas taxas de mortalidade, logo a identificação destes pacientes de risco em fase precoce pode contribuir para intervenções corretas (Schrempf et al., 2021).

1.1 Objetivo Geral

O presente capítulo propõe uma metodologia para prever Eventos Cardiovasculares Adversos Maiores em seres humanos por meio de modelos supervisionados de *Machine Learning*, utilizando dados das internações desses pacientes, além da idade e sexo.

1.2 Objetivo específico

a) Desenvolver um algoritmo de *Machine Learning* para Eventos Cardiovasculares Adversos Maiores em seres humanos
b) Analisar os dados de Eventos Cardiovasculares Adversos Maiores em seres humanos

1.3 Questão problematizadora

Como utilizar as técnicas de *Machine Learning* para prever com precisão os Eventos Cardiovasculares Adversos Maiores em pacientes, utilizando grandes volumes de dados hospitalares?

2 METODOLOGIA

Em primeiro lugar, como foram utilizados dados médicos de seres humanos, fez-se necessário o conhecimento e atendimento das diretrizes e normas regulamentadoras do Conselho Nacional de Saúde, em especial as resoluções CNS nº 466 de dezembro de 2012 e CNS nº 510 de abril de 2016, as quais regulam as pesquisas com seres humanos e pesquisas com Ciências Humanas e Sociais respectivamente.

Na sequência, foi obtido um conjunto de dados reais de cuidados intensivos e com acesso gratuito: *"Medical Information Mart for Intensive Care – 4rd Integration"* [MIMIC-IV] (2023). Além da confiabilidade, esse conjunto de dados possui milhares de observações e variáveis, além de conter informações relacionadas a pacientes internados em unidades de terapia intensiva em um grande hospital dos EUA. Os dados incluem: tempo de internação hospitalar, relatórios de imagem, sinais vitais, medicamentos, códigos de diagnóstico, códigos de procedimento, medições laboratoriais, equilíbrio de fluidos, observações e anotações feitas por enfermeiros, entre outros. Estes dados clínicos são desidentificados e abrangem mais de uma década com informações detalhadas sobre os cuidados individuais dos

pacientes. A desidentificação desses dados ocorreu, pela primeira vez, de acordo com um conjunto de normas que organizações de saúde norte-americanas devem cumprir para proteger as informações, a *"Health Insurance Portability and Accountability Act"* [HIPAA] (2019), usando limpeza estruturada de dados e mudança de data. Foram removidas 18 variáveis de identificação listados na *HIPAA*, como nome, telefone, endereço e datas. Vale ressaltar que, apesar de ser uma base de dados pública, para ter acesso a ela foi necessário obter uma certificação do programa

"*Collaborative Institutional Training Initiative*" [CITI], o "*Humam Research – Data or Specimens Only Research*" (1 – Basic Course), a qual ocorreu em 2023.

Neste sentido, a linguagem de programação "*R*" foi a ferramenta utilizada para manipulação dos dados, a qual é livre, e por meio do software "*RStudio*", o qual torna essa linguagem mais simples. Para transformação, análises e apresentação desses dados, alguns pacotes de programação do *R* foram utilizados, entre eles o "*tidyverse*", "*fastDummies*", "*pROC*", "*glmnet*" e "*randonForest*".

Logo após a base de dados e a ferramenta terem sido definidas, foi necessário criar uma coorte, ou seja, um grupo de pessoas a ser estudado e utilizado nas modelagens de ML, momento o qual surgiu mais de uma possibilidade. Logo, como o propósito foi prever MACE (variável resposta) por intermédio dos dados das internações e alguns dados básicos dos pacientes (variáveis explicativas), foram consideradas três bases de dados do conjunto de dados *MIMIC-IV*: Pacientes, Internações e Diagnósticos.

Na sequência, foi estruturada outra base de dados, a qual definiu alguns códigos CID para compor o MACE (denominada cid_mace), baseada no estudo de Bosco et al., 2021. Assim sendo, foram considerados MACE os seguintes códigos CID para a revisão 9: 402; 410-414; 427-437; V42-V43 e V45; e para a revisão 10: G45; I11; I20-I21; I23-I25; I46; I50; I60-I63; I65-I67 e Z95; referentes à parada cardíaca, infarto do miocárdio, acidente vascular cerebral, cirurgias de revascularização do miocárdio, entre outros.

Por último, considerada uma coorte onde a variável resposta é qualitativa e com apenas 2 categorias, ou seja, o paciente ser classificado como MACE ou não-MACE, foram propostas 2 técnicas supervisionadas de ML para estimar a modelagem dos dados: Modelo de Regressão Logística Binária e *Random Forest* [RF].

O Modelo de Regressão Logística Binária faz parte dos Modelos Lineares Generalizados [GLM] e os parâmetros são estimados por máxima verossimilhança (likelihood), ou seja, por máxima probabilidade de acerto (Fávero e Belfiore, 2022). Já o modelo RF, segundo Breiman, 2001, é uma combinação de árvores de decisão, tal que cada árvore depende do valor de um vetor amostrado de forma independente e com a mesma distribuição para todas as árvores. À medida que o número de árvores aumenta, o erro de generalização converge até um limite.

Após estimação desses modelos, algumas métricas foram avaliadas e comparadas com a literatura: área sob a curva ROC [AUC], Sensitividade, Especificidade, Acurácia e Precisão. A AUC é uma métrica que avalia a capacidade discriminativa do modelo e quanto maior, melhor, sendo 1 o valor máximo. A Sensitividade representa quão bom o modelo é para prever os casos positivos verdadeiros (MACE) e a Especificidade para prever os casos negativos verdadeiros (não-MACE), ambas, quanto mais próximo de 1 o resultado, melhor. Já a Acurácia representa a porcentagem total de previsões corretas. Por último, a Precisão é um parâmetro utilizado na medicina, pois representa a capacidade do modelo em prever corretamente os casos positivos. Para todas essas métricas foi considerado um intervalo de confiança de 95%.

Com exceção da AUC, todos as outras métricas citadas acima dependem do cutoff como parâmetro para classificação. O cutoff (ou ponto de corte) é o valor limite (varia entre 0 e 1) utilizado para classificar os dados, neste caso entre MACE ou não-MACE. Assim, para qualquer paciente, se o percentual resultante da modelagem for maior ou igual ao cutoff estipulado, o paciente é classificado como MACE e, para percentual menor que o cutoff, esse é considerado não-MACE.

Para calcular as métricas as quais são dependentes do cutoff, foi necessário construir uma matriz de confusão, a qual é uma ferramenta utilizada em estatística para avaliar o desempenho de um modelo de classificação, comparando as classificações reais com aquelas preditas pelo modelo. A Figura 1 apresenta o modelo dessa matriz

Figura 1: Modelo de matriz para cálculo de classificações dos modelos

		Real	
		Verdadeiro	Falso
Predito	Verdadeiro	VP	FP
	Falso	FN	VN

Acurácia: $\dfrac{(VP+VN)}{(VP+FP+FN+VN)}$ Especificidade: $\dfrac{VN}{(FP+VN)}$

Sensitividade: $\dfrac{VP}{(VP+FN)}$ Precisão: $\dfrac{VP}{(VP+FP)}$

Onde: VP: Verdadeiro Positivo
FP: Falso Positivo
FN: Falso Negativo
VN: Verdadeiro Negativo

Fonte: Autor

3 RESULTADOS E DISCUSSÕES

Primeiramente, as três bases de dados mencionadas acima foram carregadas no software *R* e as variáveis foram renomeadas e reclassificadas para possibilitar as análises. A base Pacientes contém 299.712 pacientes e 6 variáveis, sendo: um código de identificação do paciente [ID], sexo, idade, ano_ref (ano desidentificado), ano_grupo (escala likert para classificar o ano desidentificado) e óbito. As 15 primeiras linhas desta base estão apresentadas na Tabela 1.

Na sequência, foram obtidas algumas estatísticas descritivas conforme mostrado na Figura 2. Dos 299.712 pacientes, 52,9% são mulheres e 47,1% são homens, com idade igual ou superior a 18 anos, dados obtidos entre 2008 e 2019 (com exceção de 2 pacientes) e 29.076 óbitos (9,7%). Os pacientes foram acompanhados até 1 ano após a última alta do hospital. Portanto, pacientes que vieram a óbito após 1 ano da última alta, este óbito não foi registrado.

Em seguida, foi analisada a base de dados Internações, com 431.231 observações e 16 variáveis, incluindo o ID, conforme apresentada na Tabela 2. Dessas 16 variáveis, 11 foram omitidas, pois não foram utilizadas como variável resposta ou variável explicativa, portanto não foram utilizadas. Vale lembrar que as variáveis hora_internacao e hora_alta possuem o ano desidentificado, embora o dia, o mês e o horário são dados reais.

Tabela 1. Base de dados Pacientes (15 primeiras linhas)

id_paciente	sexo	idade	ano_ref	ano_grupo	obito
10000032	F	52	2180	2014 - 2016	09/09/2180
10000048	F	23	2126	2008 - 2010	
10000068	F	19	2160	2008 - 2010	
10000084	M	72	2160	2017 - 2019	02/13/2161
10000102	F	27	2136	2008 - 2010	
10000108	M	25	2163	2014 - 2016	
10000115	M	24	2154	2017 - 2019	
10000117	F	48	2174	2008 - 2010	
10000178	F	59	2157	2017 - 2019	
10000248	M	34	2192	2014 - 2016	
10000280	M	20	2151	2008 - 2010	
10000285	M	34	2159	2017 - 2019	
10000459	M	63	2178	2011 - 2013	
10000473	M	81	2138	2017 - 2019	
10000492	M	22	2129	2017 - 2019	

Fonte: Bosco et al. (2021)

Figura 2: Estatísticas descritivas na base de dados de Pacientes

```
> summary(pacientes)
 id_paciente         sexo         idade          ano_ref           ano_grupo          obito
 Length:299712    F:158553    Min.   :18.00   Min.   :2110    2008 - 2010:96695   Min.   :2104-12-24
 Class :character  M:141159    1st Qu.:29.00   1st Qu.:2131    2011 - 2013:72458   1st Qu.:2134-03-22
 Mode  :character              Median :48.00   Median :2151    2014 - 2016:68131   Median :2153-11-09
                               Mean   :48.54   Mean   :2151    2017 - 2019:62426   Mean   :2154-02-03
                               3rd Qu.:65.00   3rd Qu.:2171    2020 - 2022:    2   3rd Qu.:2174-03-30
                               Max.   :91.00   Max.   :2208                        Max.   :2212-01-22
                                                                                   NA's   :270636
```

Fonte: Autor

Tabela 2. Base de dados Internações (15 primeiras linhas e omitidas 11 colunas)

id_paciente	id_internacao	hora_internacao	hora_alta	estado_civil
10000032	22595853	06-05-2180 22h23min	07-05-2180 17h15min	VIUVO
10000032	22841357	26-06-2180 18h27min	27-06-2180 18h49min	VIUVO
10000032	25742920	05-08-2180 23h44min	07-08-2180 17h50min	VIUVO
10000032	29079034	23-07-2180 12h35min	25-07-2180 17h55min	VIUVO
10000068	25022803	03-03-2160 23h16min	04-03-2160 06h26min	SOLTEIRO
10000084	23052089	21-11-2160 01h56min	25-11-2160 14h52min	CASADO
10000084	29888819	28-12-2160 05h11min	28-12-2160 16h07min	CASADO
10000108	27250926	27-09-2163 23h17min	28-09-2163 09h04min	SOLTEIRO
10000117	22927623	15-11-2181 02h05min	15-11-2181 14h52min	DIVORCED
10000117	27988844	18-09-2183 18h10min	21-09-2183 16h30min	DIVORCED
10000248	20600184	30-11-2192 01h25min	30-11-2192 19h20min	CASADO
10000280	25852320	18-03-2151 03h28min	18-03-2151 17h04min	N/A
10000560	28979390	15-10-2189 10h30min	17-10-2189 15h00min	CASADO
10000635	26134563	19-06-2136 14h24min	20-06-2136 11h30min	VIUVO
10000719	24558333	15-04-2140 00h14min	18-04-2140 12h29min	SOLTEIRO

Fonte: Bosco et al. (2021)

Por meio da variável hora_internacao, foi observado a falta de ordenação de forma crescente das internações, então essa ordenação foi realizada e, em seguida, criada uma variável numérica a fim de numera-las em sequência. A variável id_paciente foi considerada para não perder a referência das internações.

Da mesma maneira, foram obtidas as estatísticas descritivas conforme a Figura 3 e, assim como esperado, nem todos os pacientes foram internados e houveram pacientes hospitalizados mais de uma vez. Por meio da função *"unique"* do pacote Base do *R* foi possível verificar a internação de 180.733 pacientes (60,3%) ao menos uma única vez. Também foi observada a morte de 2,87% dos pacientes internados ao menos uma única vez e 6,83% morreram sem terem sido internados.

Por último foi analisada a base de dados Diagnósticos, com 4.756.326 observações e 5 variáveis, conforme apresentado na Tabela 3. Nessa base foi possível perceber a atribuição de um ou mais códigos CID para cada internação do paciente, de acordo com a sequência numérica na coluna num_seq. Além disso a coluna cod_cid trouxe o código CID propriamente dito e representado por 3 a 5 caracteres e, por último, a coluna revisao_cid informou o número da revisão do CID, 9 ou 10.

Figura 2: Estatísticas descritivas nas bases de dados de internações

```
> summary(internacoes)
 id_paciente          id_internacao        hora_internacao                       hora_alta
 Length:431231        Length:431231        Min.   :2105-10-04 17:26:00.00        Min.   :2105-10-12 11:11:00.00
 Class :character     Class :character     1st Qu.:2135-02-22 13:35:00.00        1st Qu.:2135-02-27 14:04:00.00
 Mode  :character     Mode  :character     Median :2155-01-20 15:22:00.00        Median :2155-01-24 16:54:00.00
                                           Mean   :2155-02-27 21:07:41.68        Mean   :2155-03-04 08:43:37.36
                                           3rd Qu.:2175-04-05 03:02:00.00        3rd Qu.:2175-04-08 22:41:00.00
                                           Max.   :2212-04-06 12:13:00.00        Max.   :2212-04-12 14:06:00.00

       hora_morte                                            tipo_internacao    id_prov_internacao
 Min.   :2110-01-25 09:40:00.00    EW EMER.                        :149413      Length:431231
 1st Qu.:2133-06-22 01:37:00.00    EU OBSERVATION                  : 94776      Class :character
 Median :2153-02-22 19:09:00.00    OBSERVATION ADMIT               : 52668      Mode  :character
 Mean   :2153-05-28 01:26:50.18    URGENT                          : 44691
 3rd Qu.:2173-06-30 06:52:30.00    SURGICAL SAME DAY ADMISSION:    34231
 Max.   :2211-01-17 12:34:00.00    DIRECT EMER.                    : 19554
 NA's   :422633                    (Other)                         : 35898
               local_internacao                       local_alta          seguro_saude           idioma
 EMERGENCY ROOM        :232595    HOME                  :155423    Medicaid: 41330    ?      : 42815
 PHYSICIAN REFERRAL    :114963    EU OBSERVATION        :119155    Medicare:160560    ENGLISH:388416
 TRANSFER FROM HOSPITAL: 35974    HOME HEALTH CARE      : 75572    Other   :229341
 WALK-IN/SELF REFERRAL : 15816    SKILLED NURSING FACILITY: 43024
 CLINIC REFERRAL       : 10008    REHAB                 : 10523
 PROCEDURE SITE        :  7804    DIED                  :  8511
 (Other)               : 14071    (Other)               : 19023
       estado_civil                             raca              hora_entrada_de                hora_saida_de
          :  9233     WHITE                      :272932    Min.   :2106-02-06 15:47:00.00    Length:431231
 DIVORCED: 31663      BLACK/AFRICAN AMERICAN     : 59959    1st Qu.:2135-07-26 21:51:45.00    Class :character
 MARRIED :181293      OTHER                      : 15102    Median :2155-07-03 18:46:30.00    Mode  :character
 SINGLE  :163213      UNKNOWN                    : 10668    Mean   :2155-07-30 01:42:37.07
 WIDOWED : 45829      HISPANIC/LATINO - PUERTO RICAN:  8076    3rd Qu.:2175-09-11 14:26:45.00
                      WHITE - OTHER EUROPEAN     :  7925    Max.   :2212-04-05 23:23:00.00
                      (Other)                    : 56569    NA's   :131949
 sinal_morte
 0:422622
 1:  8609
```

Fonte: Autor

Tabela 3. Base de dados Diagnósticos (12 primeiras linhas)

id_paciente	id_internacao	num_seq	cod_cid	revisao_cid
10000032	22595853	1	5723	9
10000032	22595853	2	78959	9
10000032	22595853	3	5715	9
10000032	22595853	4	07070	9
10000032	22595853	5	496	9
10000032	22595853	6	29680	9
10000032	22595853	7	30981	9
10000032	22595853	8	V1582	9
10000032	22841357	1	07071	9
10000032	22841357	2	78959	9
10000032	22841357	3	2875	9
10000032	22841357	4	2761	9

Fonte: Bosco et al. (2021)

Na sequência, foi utilizada a base de dados cid_mace para acrescentar uma variável de classificação dos códigos CID em cada observação da base Diagnósticos, como MACE ou não-MACE.

Assim como analisado nas bases anteriores, a Figura 4 apresenta algumas estatísticas descritivas da base Diagnósticos. Da coluna num_seq foi observada a atribuição, em média, de 7 códigos CID para cada internação e houve ao menos uma internação com 39 atribuições de CID. Já por meio da variável revisao_cid, 58,17% das observações possuem código CID da revisão 9 e 41,83% da revisão 10. Esses códigos contêm até 5 caracteres, o que representa mais de 14.000 códigos diferentes. Dado que esses códigos se transformariam em variáveis, foram considerados apenas os 3 primeiros caracteres, dividindo-os em alguns subgrupos de doenças. Assim sendo, foi obtida uma base com pouco mais de 2.000 códigos para as revisões 9 e 10.

Para começar a montar a coorte, foi necessário definir o intervalo de tempo entre as variáveis explicativas e a variável resposta, o qual surgiu mais de uma possibilidade. Como a base possui um histórico de pouco mais de 10 anos, a previsão poderia ter sido realizada com qualquer intervalo dentro desta faixa e foi definido um intervalo de até 5 anos, conforme ilustrado na Figura 5.

Portanto, pelo fato de as internações conterem tanto a variável resposta quanto as variáveis explicativas, foram considerados os pacientes internados 2 vezes ou mais. Desses pacientes, a última internação foi considerada como variável resposta e as internações que ocorreram em até 5 anos antes, como variáveis explicativas, além do sexo e idade.

Antes de filtrar as internações dentro do intervalo de 5 anos, foram excluídos da base de dados os pacientes que não foram internados e os pacientes internados uma única vez, obtidas 330.033 internações de 79.535 pacientes. Em seguida foi criada uma nova variável e uma rotina no algoritmo para classificar a última internação como "y" (variável resposta) e as internações anteriores até 5 anos como "x" (variáveis explicativas), obviamente sem perder a referência do ID do paciente. Após ter feito isso e usando a função *"table"* do pacote Base do *R*, foram obtidas 74.356 internações como variável resposta, 203.108 internações como variáveis explicativas e todas as outras internações foram descartadas por ultrapassarem o período de 5 anos. Logo alguns pacientes foram excluídos da base por apresentarem intervalo superior a 5 anos entre a última e a penúltima internação. Nesse momento a coorte esteve composta por 74.359 pacientes

Figura 4: Estatísticas descritivas da base de dados Diagnósticos

```
> summary(diagnosticos)
  id_paciente        id_internacao         num_seq           cod_cid        revisao_cid
 Length:4756326     Length:4756326     Min.   : 1.000    Length:4756326     9 :2766877
 Class :character   Class :character   1st Qu.: 3.000    Class :character   10:1989449
 Mode  :character   Mode  :character   Median : 7.000    Mode  :character
                                       Mean   : 8.421
                                       3rd Qu.:12.000
                                       Max.   :39.000
```

Fonte: Autor

Figura 5: Definição do intervalo de tempo para o coorte

Fonte: Autor

Em seguida as informações de classificação das internações (x ou y) foram acrescentadas à base de dados Diagnósticos como uma nova variável e, juntamente com a variável de classificação de MACE ou não-MACE, foi possível atribuir aos pacientes as variáveis resposta e explicativas. A variável resposta foi considerada como MACE se ao menos um código CID da última internação pertencesse ao MACE, e todas as outras observações referentes a esta internação foram excluídas da base e não foram utilizadas como variáveis explicativas.

Imediatamente após essa transformação, como houveram pacientes diagnosticados com códigos CID referente ao MACE nas internações utilizadas como variáveis explicativas, estas foram removidas da base de dados com o objetivo de não "facilitarem" a classificação desses pacientes, causando viés na modelagem.

Logo foi obtida uma base de dados com as seguintes variáveis e respectivas classes: ID do paciente (caractere); resposta (fator com 2 níveis: 0 e 1, onde 0 representou não-MACE e 1 representou MACE); idade (numérica); sexo (fator com 2 níveis: F e M) e código CID (caractere com 2.354 códigos diferentes). Desse modo, para finalizar a construção da coorte, foi necessário *"dummizar"* as variáveis sexo e código CID, por meio da função *"dummy_columns"* do pacote *"fastDummies"*. Para este processo foi utilizado o procedimento *"N-1 DUMMIES"*, o qual estabeleceu *dummies* para representar um dos sexos e todos os códigos CID com exceção de um código. Essas categorias removidas de cada variável foram estabelecidas como categorias de referência por apresentarem maior frequência.

Na sequência, devido à quantidade de observações (74.356) resultante para essa coorte e sabido da demanda computacional para efetuar a modelagem, foi necessária a redução dessa dimensão. Esse grupo de pacientes era composto por 33 raças diferentes, sendo a raça Branca predominante, com 48.413 pacientes. Assim, considerando apenas os pacientes de raça Branca, a coorte foi montada com 48.413 pacientes e 2.390 variáveis, sendo 5.831 pacientes com MACE. A Figura 6 ilustra de maneira resumida o diagrama de como a coorte foi construída.

Antes de estimar os modelos propriamente ditos, decidiu-se por identificar as variáveis explicativas mais importantes e, para isso, a função *"randomForest"* foi utilizada e as 100 variáveis mais importantes foram consideradas. As variáveis idade e sexo ficaram entre elas além de outros 98 códigos CID das revisões 9 e 10. Analisado os códigos CID que permaneceram, a maioria pertencia à revisão 10 (61 códigos) e o restante à revisão 9

(37 códigos). Assim sendo, como muitos códigos da revisão 9 representaram a mesma doença da revisão 10 já contidos nesses 61 códigos, foram mantidos na base de dados apenas os códigos referentes à revisão 10. Portanto a coorte final utilizada para as modelagens possuiu 64 variáveis, sendo 63 explicativas.

Figura 6: Diagrama de construção da coorte

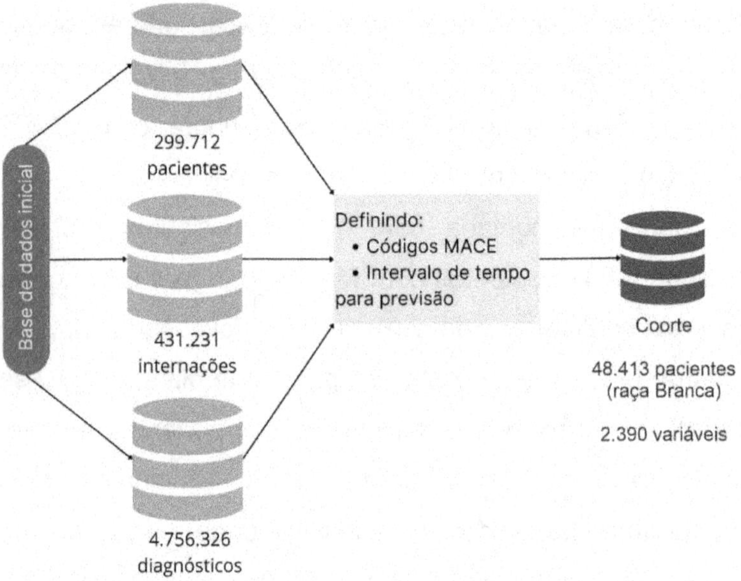

Fonte: Autor

Tabela 4. Coorte construída (15 primeiras linhas)						
id_paciente	mace	idade	sexo_M	Hepatite_aguda_A	Hipotensao	Aterosclerose
10000032	0	52	0	1	1	0
10000084	0	72	1	0	0	0
10000117	0	48	0	0	0	0
10000826	0	32	0	0	0	0
10000883	0	20	1	0	0	0
10000935	1	52	0	0	0	0
10000980	1	73	0	0	0	1
10001186	0	46	0	0	0	0
10001217	0	55	0	0	0	0
10001319	0	28	0	0	0	0
10001338	1	43	0	0	1	0
10001401	0	89	0	0	0	0
10001877	1	89	1	0	0	0
10001884	1	68	0	0	0	1
10002013	1	53	0	0	0	0
Fonte: Autor						

4.1 Modelo de Regressão Logística Binária

Primeiramente foi estimado o modelo de regressão logística binária, por meio da função *"glm"* do pacote *"stats"*, com parâmetro *"family = binomial"*. A Figura 7 apresenta os resultados dessa modelagem, porém com algumas variáveis omitidas. Logo foi possível constatar, por meio da última coluna, algumas variáveis apresentaram p-valor > 0,05, o que indica que não são estatisticamente significativas a um intervalo de confiança de 95% (ou a um nível de significância de 5%).

Neste contexto, a fim de eliminar estas variáveis, foi realizado o procedimento *"step-wise"*, o qual é comum em modelos de regressão e é utilizado para descartar as variáveis que não são estatisticamente significativas para explicar o comportamento da variável resposta, neste caso, MACE ou não-MACE. Após realizado este procedimento, 35 variáveis foram mantidas e 28 foram descartadas. O resultado após aplicação desse procedimento está apresentado na Figura 8 e logo é possível perceber o p-valor < 0,05 para todas as variáveis (algumas variáveis estão omitidas na figura).

Figura 7:Resultados do Modelo Logístico Binário antes do Procedimento

Step Wise

```
> summ(modelo_bin, confint = T, digits = 3, ci.width = .95)
MODEL INFO:
Observations: 48413
Dependent Variable: tipo_mace
Type: Generalized linear model
  Family: binomial
  Link function: logit

Standard errors: MLE
--------------------------------------------------------------------
                   Est.     2.5%    97.5%    z val.       p
------------------ -------- -------- -------- --------- -------
(Intercept)        5.138    4.959    5.316    56.536    0.000
X10.I251          -2.233   -2.334   -2.131   -43.234    0.000
idade             -0.032   -0.035   -0.030   -26.517    0.000
X10.E781          -0.199   -0.304   -0.095    -3.734    0.000
X10.I501          -0.541   -0.699   -0.384    -6.736    0.000
X10.Z791          -0.560   -0.671   -0.450    -9.947    0.000
X10.I481          -0.039   -0.154    0.077    -0.660    0.509
X10.N181          -0.391   -0.623   -0.158    -3.293    0.001
X10.E111          -0.090   -0.202    0.021    -1.586    0.113
X10.Z871          -0.065   -0.163    0.034    -1.290    0.197
X10.Z821          -0.452   -0.618   -0.287    -5.352    0.000
X10.I101          -0.161   -0.263   -0.060    -3.106    0.002
X10.I441          -0.626   -0.827   -0.426    -6.129    0.000
X10.I111           0.057   -0.123    0.236     0.619    0.536
X10.Z451          -1.648   -1.972   -1.325    -9.975    0.000
sexo_M1           -0.418   -0.492   -0.345   -11.143    0.000
X10.I351          -0.445   -0.630   -0.260    -4.715    0.000
X10.N171          -0.070   -0.198    0.057    -1.084    0.278
```

Fonte: Autor

Figura 8:Resultados do Modelo Logístico Binário após do Procedimento

Step Wise

```
> summ(model = modelo_bin_step, confint = T, digits = 4, ci.width = 0.95)
MODEL INFO:
Observations: 48413
Dependent Variable: tipo_mace
Type: Generalized linear model
 Family: binomial
 Link function: logit

Standard errors: MLE
------------------------------------------------------------------------
                    Est.       2.5%      97.5%     z val.        p
                 ---------  ---------  ---------  ----------  --------
(Intercept)        5.1445     4.9689     5.3201    57.4258    0.0000
X10.I251          -2.2478    -2.3474    -2.1482   -44.2453    0.0000
idade             -0.0324    -0.0348    -0.0301   -26.9719    0.0000
X10.E781          -0.2076    -0.3096    -0.1057    -3.9916    0.0001
X10.I501          -0.5476    -0.6727    -0.4225    -8.5813    0.0000
X10.Z791          -0.6010    -0.7009    -0.5011   -11.7886    0.0000
X10.N181          -0.3450    -0.4803    -0.2097    -4.9977    0.0000
X10.Z821          -0.4458    -0.6096    -0.2820    -5.3343    0.0000
X10.I101          -0.1652    -0.2644    -0.0661    -3.2659    0.0011
X10.I441          -0.6338    -0.8318    -0.4359    -6.2756    0.0000
X10.Z451          -1.6814    -2.0003    -1.3626   -10.3372    0.0000
sexo_M1           -0.4280    -0.5007    -0.3554   -11.5520    0.0000
X10.I351          -0.4380    -0.6221    -0.2539    -4.6637    0.0000
X10.D621          -0.4568    -0.5870    -0.3266    -6.8764    0.0000
X10.I131           0.3021     0.1056     0.4985     3.0133    0.0026
X10.T821          -0.5514    -0.7408    -0.3621    -5.7081    0.0000
X10.Y921           0.1244     0.0209     0.2279     2.3549    0.0185
X10.I731          -0.1780    -0.3538    -0.0022    -1.9850    0.0471
```

Fonte: Autor

Logo, na Figura 9 estão apresentadas as 15 variáveis mais significativas. A doença isquêmica crônica do coração apresentou maior importância pela relação com MACE, a qual, inclusive, em alguns estudos é considerada MACE e não variável explicativa. Também foi possível confirmar que a idade e o sexo foram estatisticamente significativos.

Figura 9: Importância das 15 variáveis explicativas mais significativas

Fonte: Autor

Na sequência foi construída a matriz de confusão e, num primeiro momento, adotado o cutoff = 0,5, obtendo as métricas conforme apresentado na Figura 10.

Figura 10: Matriz de confusão

		Real	
		Verdadeiro	Falso
Predito	Verdadeiro	2611	3220
	Falso	1074	41508

Acurácia: 0,91   Sensitividade: 0,70
Precisão: 0,44   Especificidade: 0,92

Fonte: Autor

Após a obtenção dessas métricas, foi construída a curva ROC por meio da função *"roc"* do pacote *"pROC"* e obtida a AUC = 0,85, conforme apresentado na Figura 11. O coeficiente de GINI é uma medida de desempenho para modelos de classificação binária e representa a área entre a curva ROC e a diagonal.

Figura 11; Curva ROC construída por meio do Modelo Logístico Binário após procedimento Step Wise

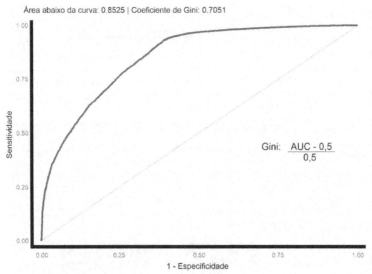

Fonte: Autor

Por último foi variado o valor do cutoff para obter novos valores das métricas dependentes dele, como mostra a Tabela 5 e observou-se o aumento no valor da Precisão conforme o valor do cutoff aumentou, porém, a sensitividade foi penalizada.

Tabela 5. Métricas avaliadas para diferentes valores de cutoff

Modelo	cutoff	AUC	Sensitividade	Especificidade	Acurácia	Precisão
	0,50	0,85	0,70	0,92	0,91	0,44
Logístico Binário	0,60	0,85	0,68	0,93	0,91	0,50
após procedimento	0,70	0,85	0,64	0,93	0,90	0,54
Step Wise	0,80	0,85	0,59	0,94	0,90	0,58
	0,90	0,85	0,34	0,95	0,80	0,70

Fonte: Autor

4.2 Modelo RF

Antes de estimar o modelo RF, a coorte foi dividida em dois grupos, sendo um para treinamento do modelo, com 75% das observações, e outro para testar o modelo, com os 25% restante das observações. Assim o modelo foi treinado com 36.309 observações e testado com 12.104 observações. Em seguida à modelagem e considerada a base de teste, foi obtida a matriz de confusão e as métricas conforme mostrado na Figura 12. A acurácia na base de treino foi de 0,94, enquanto na base de teste foi de 0,95 e, comparado ao o modelo Logístico Binário, obteve-se uma melhoria nas métricas. Já a AUC para este modelo apresentou valor de 0,82, ligeiramente inferior ao modelo Logístico Binário

Figura 12: Matriz de confusão do modelo Random Forest (base de teste)

		Real	
		Verdadeiro	Falso
Predito	Verdadeiro	930	491
	Falso	74	10609

Acurácia: 0,95   Sensitividade: 0,92
Precisão: 0,65   Especificidade: 0,95

Fonte: Autor

Comparados os dois modelos propostos e estimados, apesar de apresentar valor de AUC ligeiramente menor, o modelo RF apresentou melhores valores nas outras métricas, em especial na Precisão, a qual avalia a capacidade do modelo em classificar os casos positivos de doença (MACE). Caso as métricas apresentassem valores próximo de 1, porém com o valor da Precisão próximo a 0, isso indicaria que o modelo não seria capaz de classificar os casos positivos de doença, objetivo desse estudo.

O fato da coorte deste trabalho possuir milhares de observações, tornou possível obter valores das métricas mais próximos de 1, diferente se tivesse uma amostra de dezenas ou poucas centenas de observações.

Para comparar com alguns resultados na literatura, buscou-se quatro artigos com o mesmo objetivo. Embora estes artigos possuam o mesmo objetivo, as coortes foram diferentes com relação à quantidade de observações e às variáveis explicativas utilizadas, além do intervalo de tempo entre as variáveis explicativas e a variável resposta.

Segundo Juan-Salvadores, 2022, após ter realizado um estudo prognóstico com 492 pacientes com idade inferior a 40 anos, onde foram coletados dados por meio de angiografia coronária, avaliou-se diferentes abordagens de modelos supervisionados de ML para prever MACE. Os dados foram divididos em base de treino e teste utilizando 75% e 25% respectivamente. Nesse estudo o modelo mais eficaz para acompanhamento a longo prazo (27 a 60 meses) foi o RF, obtendo AUC = 0,79, com intervalo de confiança [IC] = 95%, em contraste com a Regressão Logística, obtendo AUC = 0,66 para o mesmo IC.

Já Zhang, 2020, obteve uma amostra com 84.254 pacientes com idade superior a 20 anos e com dor torácica, em três hospitais, dividiu a base de dados em treino e teste com 70% e 30% respectivamente e utilizou 14 variáveis clínicas a partir de EHR. Com esses dados, o modelo RF apresentou melhor resultado para prever Infarto Agudo do Miocárdio com período inferior a 1 (um) mês, obtendo AUC = 0,915 (IC = 95%). Este foi o melhor resultado entre outros modelos, incluindo o modelo de Regressão Logística.

Outro estudo, realizado por He, 2023, foram analisados os dados de 4.575 pacientes asiáticos pós-infarto do miocárdio, obtidos por meio de EHR de Cingapura. Esses pacientes foram internados entre 2011 e 2014, com Infarto do Miocárdio como diagnóstico primário na análise. Os modelos de Regressão Logística e RF apresentaram resultados semelhantes, obtendo AUC = 0,77 para prever MACE em até 1 ano após essa internação e AUC = 0,80 prevendo MACE até 2 anos, ambos com IC = 95%.

O último estudo utilizado na comparação e realizado por Schrempf, 2021, teve como objetivo desenvolver modelos de ML para prever riso de MACE em 5 (cinco) anos. Os dados incluíram prontuários eletrônicos de mais de 128.000 pacientes, incluindo 29.262 pacientes com MACE. Diferentes métodos de ML foram usados para modelagem e o modelo RF obteve melhor desempenho de calibração e classificação em um conjunto de dados de teste, obtendo AUC = 0,88 (IC = 95%).

As métricas avaliadas nesse trabalho constam na Tabela 6, juntamente com as métricas da Literatura. Em primeiro momento percebe-se a predominância do modelo RF para prever MACE, independente da dimensão da amostra, das variáveis explicativas utilizadas e do tempo para predição. Os resultados desse trabalho se encontraram próximos aos outros trabalhos e o modelo RF também apresentou melhores resultados, com uma leve queda de 0,03 na AUC = 0,82, comparado ao modelo de Regressão Logística Binária. Porém uma métrica importante na medicina e com resultado acima da média dos trabalhos foi a Precisão = 0,65.

Tabela 6. Comparação dos resultados com a Literatura						
Trabalho	Modelo	AUC	Sensitividade	Especificidade	Acurácia	Precisão
Este	Reg. Log. Bin.	0,85	0,70	0,92	0,91	0,44
Este	RF	0,82	0,92	0,95	0,95	0,65
Juan-Salvadores	RF	0,79	0,75	0,72	0,72	0,29
Zhang	RF	0,91	0,91	0,88	0,91	0,91
He	RF	0,80	0,81	0,66	-	0,47
Schrempf	RF	0,88	0,80	0,77	-	0,63
Fonte: Autor						

5 CONSIDERAÇÕES FINAIS

Os resultados desse capítulo contribuem para a hipótese de que modelos supervisionados de Machine Learning são capazes de auxiliarem médicos na previsão de MACE. Os modelos propostos por esse trabalho alcançaram um bom desempenho, apresentando área sob a curva ROC > 0,80, e existe a oportunidade de melhoria no que diz respeito a alterar as variáveis explicativas e intervalo de tempo para previsão. Dessas alterações surgirão novas coortes e novos resultados, possibilitando expandir essa ferramenta de previsão de acordo com a necessidade do profissional. Porém, pesquisas futuras são necessárias com novos dados americanos e dados de outros países, inclusive do Brasil, para validação do modelo.

6 REFERÊNCIAS

Ahmad, T.; Lund, L.H.; Rao, P.; Ghosh, R.; Warier, P.; Vaccaro, B.; et al. 2018. Machine Learning Methods Improve Prognostication, Identify Clinically Distinct Phenotypes, and Detect Heterogeneity in Response to Therapy in a Large Cohort of Heart Failure Patients. Journal of the American Heart Association 7: e008081.

Ambale-Venkatesh, B.; Wu, C.O.; Liu, K.; Hundley, W.; McClelland, R.L.; Gomes, A.S.; et al. 2017. Cardiovascular event prediction by machine learning: the Multi-Ethnic Study
of Atherosclerosis. Circulation research. CIRCRESAHA–117.

Bosco, E., Hsueh, L., McConeghy, K.W. et al. 2021. Major adverse cardiovascular event definitions used in observational analysis of administrative databases: a systematic review. BMC Med Res Methodol 21: 241.

Breiman, L. 2001. Random forests. Machine learning 45: 5-32.

Conroy, R.; Pyo¨ra¨ la¨, K.; Fitzgerald, Ae.; Sans, S.; Menotti, A.; De Backer, G.; et al. 2003. Estimation of ten-year risk of fatal cardiovascular disease in Europe: the SCORE project. European heart journal 24: 987–1003.

D'Agostino, R.B.; Vasan, R.S.; Pencina, M.J.; Wolf, P.A.; Cobain, M.; Massaro, J.M.; et al. 2008. General cardiovascular risk profile for use in primary care: the Framingham Heart Study. Circulation 117: 743–753.

Dimopoulos, A.C., Nikolaidou, M., Caballero, F.F. et al. 2018. Machine learning methodologies versus cardiovascular risk scores, in predicting disease risk. BMC Med Res Methodol 18: 179.

Fávero, L.P., Belfiore, P. 2022. Manual de análise de dados. 1ed. Grupo Editora Nacional, Rio de Janeiro, RJ, Brasil.

He, F., Page, J.H., Tandi, J., et al. 2023. Major Adverse Cardiovascular Event Risk Prediction in Asian Patients After Myocardial Infarction: A Novel, Dynamic, Machine-learning Approach, Journal of Asian Pacific Society of Cardiology 2: 25.

Juan-Salvadores, P., Veiga, C., Jiménez Díaz, V.A., et al. 2022. Using Machine Learning Techniques to Predict MACE in Very Young Acute Coronary Syndrome Patients. Diagnostics 12: 422.

Kremers, H.M.; Crowson, C.S.; Therneau, T.M.; Roger, V.L.; Gabriel, S.E. 2008. High ten-year risk of cardiovascular disease in newly diagnosed rheumatoid arthritis patients: A population-based cohort study. Arthritis & Rheumatology 58: 2268–2274.

Krittanawong, C., Virk, H.U.H., Bangalore, S., Wang, Z., Johnson, K.W., Pinotti, R.; et al. 2020. Machine learning prediction in cardiovascular diseases: a meta-analysis. Sci Rep. 29: 10(1):16057.

Lee, S.S., Kong, K.A., Kim, D., Lim, Y.-M., Yang, P.-S., Yi, J.-E.; et al. 2017. Clinical implication of an impaired fasting glucose and prehypertension related to new onset atrial fibrillation in a healthy asian population without underlying disease: A nationwide cohort study in Korea. Eur. Heart J. 38: 2599–2607.

Mathur, P., Srivastava, S., Xu, X., Mehta, J.L. 2020. Artificial Intelligence, Machine Learning, and Cardiovascular Disease. Clin Med Insights Cardiol. 9; 14:1179546820927404.

Nawar, E.W., Niska, R.W., Xu, J. 2007. National Hospital Ambulatory Medical Care Survey: 2005 emergency department summary. Adv Data. 386: 1-32.

Piepoli, M.F., et al. 2016. European guidelines on cardiovascular disease prevention in clinical practice: The sixth joint task force of the European society of cardiology and other societies on cardiovascular disease prevention in
clinical practice (constituted by representatives of 10 societies and by invited experts) developed with the special contribution of the European association for cardiovascular prevention & rehabilitation (EACPR). Eur. Heart J 37(29): 2315-2381.

Ramalingam, V.V.; Dandapath, A.; Raja, M.K. 2018. Heart disease prediction using machine learning techniques: a survey. International Journal of Engineering & Technology 7: 684-687.

Roberts, R.R., Zalenski, R.J., Mensah, E.K., Rydman, R.J., Ciavarella, G., Gussow, L., et al. 1997. Costs of an emergency department-based accelerated diagnostic protocol vs hospitalization in patients with chest pain: a randomized controlled trial. JAMA. 278(20): 1670-1676.

Schrempf, M., Kramer, D., Jauk, S., Veeranki, S.P.K., Leodolter, W., Rainer, P.P. 2021. Machine Learning Based Risk Prediction for Major Adverse Cardiovascular Events. Stud Health Technol Inform. 7; 279: 136-143.

Simons, L.A., McCallum, J., Friedlander, Y., e Simons, J. 1998. Risk factors for ischemic stroke: Dubbo study of the elderly. Stroke 29(7): 1341-1346.

Sjo¨stro¨m, L.; Lindroos, A.K.; Peltonen, M.; Torgerson. J.; Bouchard, C.; Carlsson, B.; et al. 2004. Lifestyle, diabetes, and cardiovascular risk factors 10 years after bariatric surgery. New England Journal of Medicine 351: 2683–2693.

Wang, T.J., Larson, M.G., Levy, D., Vasan, R.S., Leip, E.P., Wolf, P.A., et al. 2003. Temporal relations of atrial fibrillation and congestive heart failure and their joint influence on mortality: The framingham heart study. Circulation 107(23): 2920-2925.

Warner, H.R., Toronto, A.F., Veasy, L.G. 1964. Experience with Baye's theorem for computer diagnosis of congenital heart disease. Ann N Y Acad Sci 31(115): 558-67.

Wolf, P.A., Abbott, R.D. e Kannel, W.B. 1991. Atrial fibrillation as an independent risk factor for stroke: The framingham study. Stroke 22(8): 983–988.

Zhang, P.I., Hsu, C.C., Kao, Y,, et al. 2020. Real-time AI prediction for major adverse cardiac events in emergency department patients with chest pain. Scand J Trauma Resusc Emerg Med. 28(1): 93.

CAPÍTULO 2 | UTILIZAÇÃO DOS INDICADORES E DADOS DA QUALIDADE PARA DIRECIONAMENTO DO NEGÓCIO

Emerson de Araújo Andrade
Jorge Costa Silva Filho

RESUMO

O objetivo deste capítulo foi desenvolver um modelo de análise de satisfação do cliente baseado na metodologia *Net Promoter Score* (NPS) e *Data Visualization*, aplicado a uma empresa de serviços. O contexto envolve o uso crescente de dados e indicadores estratégicos na indústria e no setor de serviços para melhorar a tomada de decisões e o diferencial competitivo. A questão problematizadora é: como um sistema de *Business Intelligence* (BI) pode aprimorar a gestão da satisfação do cliente? A justificativa se fundamenta na necessidade de identificar ofensores e melhorar a experiência do cliente para aumentar a retenção e a competitividade. A metodologia incluiu a criação de um sistema de BI e um modelo de banco de dados, utilizando o Microsoft Power BI para desenvolver um *dashboard* de acompanhamento do NPS. O referencial teórico explora o uso de NPS e visualização de dados como ferramentas de apoio à decisão. Os resultados mostraram uma melhora de 14% na satisfação do cliente após dois meses, além de reduções significativas nas reclamações. Nas considerações finais, o estudo destaca o potencial de integração de NPS e *Data Visualization* para otimizar a gestão de clientes, aumentar a satisfação e fidelidade, reduzir custos e promover o crescimento orgânico da empresa.

Palavras-chave: QUALIDADE. NET PROMOTER SCORE. BUSINESS INTELLIGENCE. STORYTELLING. DATA VISUALIZATION

1 INTRODUÇÃO

As organizações empresariais se veem envolvidas em uma competição acirrada, impulsionada por clientes exigentes e regulamentações cada vez mais rigorosas, exigindo assim uma adaptação constante e reestruturação no sentido da modernização técnica e gerencial. Diante dessa realidade dinâmica, sem fronteiras econômicas definidas, as empresas se veem compelidas a adotar práticas mais avançadas tanto em termos tecnológicos quanto gerenciais. Nesse ambiente é importante a implementação de tecnologias inovadoras, automação de processos e adoção de padrões de qualidade, além disso, a modernização gerencial se faz necessária para garantir uma gestão eficiente e estratégica, adaptando-se rapidamente às mudanças do mercado e às demandas dos clientes. As organizações que conseguem se reestruturar eficazmente, integrando inovações tecnológicas e melhores práticas gerenciais, estarão em melhor posição para enfrentar os desafios dessa realidade dinâmica. (Lagrosen, 2003).

Segundo Paladini (2008) os Sistemas de Gestão da Qualidade (SGQ) são instrumentos estratégicos para o desenvolvimento, implementação, padronização, manutenção e melhoria contínua da qualidade em processos, produtos e serviços. Ao adotar um sistema SGQ baseado em uma norma como a ISO 9001, as organizações estão seguindo uma abordagem internacionalmente reconhecida e respeitada para a gestão da qualidade, seguindo um conjunto de diretrizes e melhores práticas que as auxiliam na criação de sistemas eficazes para garantir a qualidade em todas as etapas do processo de produção ou prestação de serviços. Ao adotar a norma ISO 9001 como base para os SGQs, as organizações estão investindo não apenas na conformidade com padrões internacionais, mas também na criação de uma cultura de qualidade que permeia toda a organização. Isso não apenas fortalece a posição competitiva da empresa no mercado global, mas também contribui para a satisfação dos clientes, para o sucesso a longo prazo da organização, eleva os padrões de qualidade e também promove a confiança dos clientes e parceiros de negócios.

De acordo com Kotler (2017) os clientes tem se tornado cada vez mais exigentes e conectados, influenciando na competitividade entre as empresas e aumentando a relevância do relacionamento com os mesmos, afirma ainda que apresentam um nível de satisfação mais desafiador, demonstram maior discernimento, são mais sensíveis aos preços, elevam suas expectativas, são menos propensos a tolerar erros e são alvo de um número crescente de concorrentes que oferecem produtos ou serviços semelhantes ou até superiores.

A utilização de indicadores e dados da qualidade é uma prática fundamental para o sucesso de qualquer negócio. Segundo John Doerr (2019), a definição e utilização de indicadores podem ajudar na tomada de decisões mais assertivas para a empresa e um dos indicadores mais utilizados é o NPS, proposto por Reichheld (2003).

Conforme destacado por Reichheld (2011), é de suma importância avaliar o índice de satisfação e fomentar um sentimento de responsabilidade nos funcionários em relação à experiência do cliente. O autor ressalta que as abordagens tradicionais de pesquisa de satisfação e os relatórios financeiros não possuem a capacidade de abordar essas dimensões críticas e possíveis obstáculos. Nesse contexto, Reichheld introduziu o conceito de NPS, propondo que essa métrica seja composta por uma única pergunta, administrada periodicamente, para avaliar o desempenho da empresa no que diz respeito ao relacionamento com o cliente.

Os sistemas de *Business Intelligence* (BI) estão em crescente utilização nas organizações contemporâneas, consolidando-se como ferramentas relevantes para a estruturação e exposição de dados com vistas a agilizar o processo decisório. Esses sistemas de BI caracterizam-se pela incorporação de recursos gráficos de interação com os usuários, permitindo a rápida apresentação de informações por meio da implementação de interfaces denominadas "dashboards". Segundo Few (2006) os "dashboards" oferecem uma solução poderosa para a necessidade de uma organização em obter informação.

A capacidade de contar histórias com dados é uma habilidade de extrema importância em nossa era de crescimento exponencial dos dados e de desejo de tomada de decisão orientadas por dados. Uma representação visual de dados eficaz pode ser determinante para o sucesso ou o fracasso na hora de comunicar as constatações de seu estudo, levar dinheiro para sua organização, apresentar informações para seus diretores ou simplesmente mostrar sua ideia para o público. Poucas pessoas tem a habilidade de apresentar corretamente a história por trás dos seus dados, além disso a apresentação incorreta dos dados pode levar a interpretações totalmente equivocadas das informações. (Knaflic, 2017).

O desenvolvimento de "dashboards" com a utilização de técnicas de *storytelling* de dados é capaz de potencializar ainda mais o uso da ferramenta para tomada de decisões, segundo Dykes (2016) *storytelling* de dados é uma abordagem estruturada para comunicar informações de dados contendo três elementos principais: dados, recursos visuais e narrativa.

1.1 Objetivo Geral

O presente capítulo tem como objetivo desenvolver um painel interativo no "software" Microsoft Power BI fundamentado nos resultados das pesquisas NPS, empregando as principais técnicas de *storytelling* com dados de uma empresa de serviços.

1.2 Objetivo específico

a) Analisar os dados de uma empresa de serviços;
b) Entender o perfil e as necessidades do cliente;
c) Estruturar um storytelling com os dados de uma empresa serviços;
d) Propor melhorias no atendimento dos clientes.

Por meio desse painel, buscou-se consolidar os principais dados provenientes das pesquisas NPS e oferecer análises em tempo real acerca dos resultados das pesquisas. Além disso, pretendeu-se facilitar o processo de tomada de decisões na organização, proporcionando uma compreensão mais detalhada do perfil e das necessidades dos clientes.

O resultado foi um modelo que permitiu entender melhor o perfil e as necessidades do cliente, identificar os principais problemas, melhorar a qualidade do atendimento, aumentar a satisfação e fidelização, além de contribuir para uma maior eficiência operacional, redução de custos e

aumento da lucratividade da empresa

1.3 Questão problematizadora

Norteia neste capítulo a seguinte questão: Como um sistema de *Business Intelligence* (BI) pode aprimorar a gestão da satisfação do cliente?

2 METODOLOGIA

A metodologia *Net Promoter Score* (NPS), é uma métrica criada por Fred Reichheld, diretor da Bain & Company com sua primeira publicação em 2003 no artigo intitulado "The One Number You Need To Grow" (O número que você precisa para crescer) na revista Harvard Business Review e que em 2006 foi publicado em forma de livro e revisado em 2011 (Rocha, 2017).

Reichheld (2011) detalha que a métrica consiste em fazer uma pergunta ao cliente: Numa escala de 0 a 10, qual é a probabilidade de vocês recomendar a empresa a um amigo ou colega? Por intermédio da resposta atrelada a palavra recomendar, é possível categorizar os clientes em três grupos; os promotores, os neutros e os detratores.

Duarte e Ricco (2020) detalha a classificação destes clientes como: Promotores, nota de 9 ou 10. São os clientes leais, possuem alta taxa de recompra e de recomendações para amigos. Neutros, nota de 7 ou 8. São os "passivamente" satisfeitos, são sensíveis ao mercado e quase não fazem recomendações. Por fim os Detratores, com notas de 0 a 6. São os clientes insatisfeitos, e propagam impressões negativas à empresa.

A escala de consumidores definida por Reichheld (2011) está representada na Figura 1:

Figura 1: Escala de consumidores e formula para cálculo do NPS

Fonte: Adaptador de Reichheld (2011, p.05)

Fundamentado nesta metodologia, foi desenvolvido um modelo de questionário com perguntas complementares a serem realizadas bem como uma tabela padrão no "software" Microsoft Excel versão 2308 da Microsoft Corporation, 2016 para receber e organizar as respostas de cada pergunta para cada cliente. O objetivo deste modelo é identificar os fatores que afetam a pontuação, bem como as áreas que requerem melhorias, objetivou-se também desenvolver um método para acompanhamento do processo de pesquisa para acompanhar sua evolução e clientes pendentes de resposta, de forma a garantir que a maior parte responda.

As perguntas definidas foram: 01 – empresa a qual pertence, 02 - em uma escala de 0 a 10, o quanto você recomendaria nossa empresa para um amigo ou familiar? 03 – Qual o principal motivo que o levou a esta nota? 04 – Poderia adicionar comentários sobre sua avaliação? Na Tabela 1, apresentada abaixo, desenvolvida para armazenagem dos dados, foram adicionadas colunas com o nome da estrutura de gestão responsável por cada cliente bem como gerente e coordenador, empresa do grupo a qual o cliente avalia, o mês correspondente a avaliação, realização da pesquisa com o preenchimento de 1 para realizado e 0 para pendente de resposta, o tipo de serviço avaliado e as colunas para armazenar os resultados das perguntas definidas.

Knaflic (2017) destaca que um "dashboard" bem construído deve não apenas ser claro e objetivo, mas também fornecer "insights" relevantes para orientar as decisões. Antes de iniciar a criação de um "dashboard", é necessário compreender seu propósito sendo a simplicidade crucial: manter o design limpo, evitando a sobrecarga de informações, garantindo que cada elemento contribua de maneira significativa para a narrativa. Organizar as informações em uma hierarquia de importância é essencial, destacando elementos cruciais para que sejam rapidamente identificados pelo público. É imperativo utilizar títulos descritivos e concisos para cada gráfico ou elemento no "dashboard", assegurando que expliquem claramente o conteúdo de cada gráfico

Com isso, a compreensão dos dados e nas conclusões a serem tiradas. Ao criar o "dashboard", é crucial considerar o público-alvo, adaptando o design e o conteúdo para atender às necessidades e ao nível de conhecimento desse público específico.

Tabela 1: Modelo para armazenamento dos resultados das pesquisas.

Empresa Grupo	Empresa cliente	Mês de Ref.	Gerente	Coordenador	Índice Satisfaçã	Pesquisas realizadas	Res. Pesquisa	Observação	Reclamação	Diretor	Negocio
Empresa01	Cliente28	mai/22	Gerente01	Coordenador31	90%	100%	Satisfeito / Promotor			Diretor01	Manutenção
Empresa01	Cliente31	mai/22	Gerente26	Coordenador49	90%	100%	Satisfeito / Promotor			Diretor01	Manutenção
Empresa01	Cliente41	mai/22	Gerente01	Coordenador20	90%	100%	Satisfeito / Promotor			Diretor01	Manutenção
Empresa01	Cliente35	mai/22	Gerente26	Coordenador56	90%	100%	Satisfeito / Promotor			Diretor01	Manutenção
Empresa01	Cliente39	mai/22	Gerente26	Coordenador56	90%	100%	Satisfeito / Promotor			Diretor01	Manutenção
Empresa01	Cliente28	abr/22	Gerente01	Coordenador31	100%	100%	Satisfeito / Promotor			Diretor01	Manutenção
Empresa04	Cliente571	abr/22	Gerente21	Coordenador14	100%	100%	Satisfeito / Promotor			Diretor02	Segurança
Empresa04	Cliente646	abr/22	Gerente25	Coordenador61	60%	100%	Insatisfeito - Detrator	Necessidade de troca de EPI	2 - EPI	Diretor02	Segurança
Empresa04	Cliente618	abr/22	Gerente21	Coordenador14	100%	100%	Satisfeito / Promotor			Diretor02	Segurança
Empresa04	Cliente642	abr/22	Gerente25	Coordenador61	100%	100%	Satisfeito / Promotor			Diretor02	Segurança
Empresa04	Cliente634	abr/22	Gerente25	Coordenador30	60%	100%	Insatisfeito - Detrator	Documentos de medição;	18 - Outros	Diretor02	Segurança

Fonte: Dados originais da pesquisa.

Neste contexto foi definido os principais indicadores e modelo de apresentação levando em consideração as principais lições propostas por Knaflic (2017). O painel foi construído no "software" Microsoft Power BI versão 2.121.662.0 64-bit da Microsoft Corporation, 2015, tendo quatro páginas de indicadores. Na primeira página do "dashboard", mostrado na Figura 2, objetivando-se ter uma visão geral dos resultados e acompanhar os principais motivos de insatisfação bem como o resultado por empresa do grupo, foram definidos os indicadores: índice de satisfação geral, o índice de satisfação por empresa, a evolução do índice de satisfação e os principais ofensores para as notas detratoras como pontos a melhorar.

Na segunda página do "dashboard", conforme ilustrado na Figura 3, com o objetivo de acompanhar os gerentes e coordenadores com menor índice de satisfação, bem como os clientes com maior índice de reclamações, sendo estes clientes foco para ações de melhoria e reversão do índice de satisfação, foram definidos três

indicadores: O índice de satisfação por gerente, índice de satisfação por coordenador e os principais clientes ofensores com o compilado de número de notas detratoras deste cliente durante o período.

Na página três do "dashboard", conforme ilustrado na Figura 4, teve como objetivo mostrar uma visão geral
do processo, além de acompanhar a evolução das pesquisas com o percentual de pesquisas respondidas por gerente e coordenador durante o ciclo. Foram definidos os indicadores: índice de satisfação geral, resultado das pesquisas, pesquisas realizadas por gerente e pesquisas realizadas por coordenador.

Na página quatro do "dashboard" ilustrado na Figura 5, objetivou-se o acompanhamento na integra de cada resposta bem como o acompanhamento da realização das pesquisas por intermédio dos filtros de cliente, empresa e resposta das pesquisas.

Figura 2: Modelo para análise do índice de satisfação por empresa e principais ofensores.

Fonte Autor

Figura 3: Representação gráfica do índice de satisfação por gerente, coordenador e clientes com maior índice de reclamações.

Fonte: Autor

Figura 4: Representação gráfica da evolução das pesquisas durante o período.

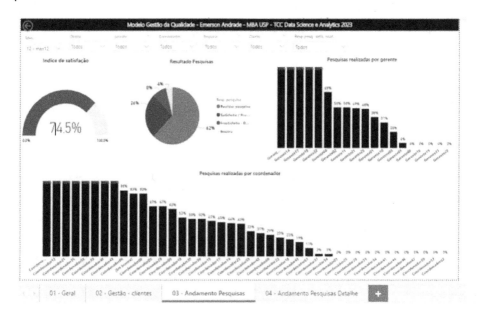

Fonte: Autor.

Figura 5: Representação gráfica da evolução das pesquisas durante o período.

Fonte: Autor.

O BI foi desenvolvido com o objetivo de possibilitar a realização de diversas análises de forma interativa. Suas principais funcionalidades permitem a aplicação de filtros em várias páginas simultaneamente, por meio das caixas de seleção de mês, diretor, gerente, coordenador, empresa e cliente localizadas na parte superior do "dashboard". A cada filtro aplicado, surgem novas possibilidades de interação ao clicar nas barras individuais, onde os filtros relacionados à seleção são automaticamente aplicados. A título de exemplo, na página dois do "dashboard", conforme ilustrado na Figura 6, ao clicar sobre um cliente detrator, tornou-se possível visualizar os gerentes e coordenadores responsáveis por esse cliente, assim como sua última nota e resposta. Além disso, ao clicar sobre a faixa vermelha na página 01 – Geral no indicador "Resultado Pesquisas", os demais indicadores exibem os meses, empresas e principais motivos das notas detratoras. O mesmo processo ocorre ao clicar sobre as barras no indicador "Índice de Satisfação por Empresa" ou no indicador "Principais Ofensores – Reclamações de Clientes".

Figura 6: Representação gráfica da analise com gerente e coordenador responsáveis pelo cliente detrator.

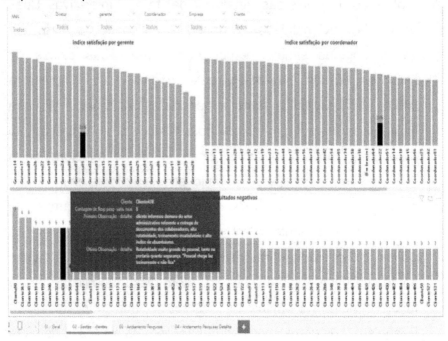

Fonte: Autor.

O modelo de gestão, indicadores e metodologia de pesquisas foi apresentado a alta direção de um grupo de empresas de serviços com mais de 10000 colaboradores e atuação em diferentes linhas de serviços como facilites e segurança patrimonial, aprovado para implantação, implantado, e acompanhado por um período de 12 meses, sendo esse de maio de 2022 a maio de 2023. Para facilitar o acompanhamento de todos os envolvidos no processo foi implantado um painel de gestão a vista com 4 televisores onde cada página dos indicadores acima ficou disponível para visualização.

Com os principais "insights" obtidos na análise do "dashboard", foi feito uma análise em tabela dinâmica a fim de exemplificar possibilidades extras de analises dos resultados. Com essas analises foram obtidas informações importantes que guiaram decisões assertivas para a empresa, gerentes e coordenadores responsáveis pelo maior número de reclamações por tipo.

3 RESULTADOS E DISCUSSÕES

Com a implantação do projeto identificamos que 75% dos clientes foram promotores, estão plenamente satisfeitos com os serviços prestados e recomendam a empresa, 16% dos clientes foram detratores e 9% Neutros.

Segundo Reichheld (2006) o propósito central do método NPS é identificar e converter clientes classificados como detratores, que demandam ação imediata para transformar suas experiências negativas em positivas, e, crucial manter uma vigilância constante sobre os clientes classificados como neutros, pois, esses também contribuem para resultados mais baixos no NPS e requerem atenção especial.

Para calcularmos o índice NPS utilizamos a formula proposta por Reichheld (2006), sendo o índice NPS o percentual de clientes promotores menos o percentual de clientes detratores. O índice NPS durante o período foi de 61% para o Grupo. Segundo Alonso (2020), existem diferentes médias comparativas para o NPS que dependem da área de atuação da empresa. Tradicionalmente, indústrias como telecomunicações, geralmente têm pontuações baixas, enquanto setores como hospedagem e saúde costumam receber avaliações positivas da maioria dos clientes. Para referência, é possível adotar as chamadas zonas de classificação, que fornecem uma avaliação geral de qualquer segmento. Estas zonas de classificação são as seguintes: Zona de Excelência, corresponde aos NPS mais elevados, variando entre 75% e 100%, alcançar esse resultado indica que a maioria dos clientes age como promotores da marca, mostrando um relacionamento genuíno e positivo com a empresa. Zona de Qualidade, engloba empresas que possuem NPS entre 50% e 74%, embora ainda não tenham atingido a excelência, essas organizações têm uma proporção superior de promotores em relação aos detratores, o que resulta em uma imagem positiva para a empresa. Zona de Aperfeiçoamento, reflete um NPS de 0% a 49%, indicando que a empresa precisa dedicar mais atenção à área de satisfação do cliente, é comum que este grupo tenha quantidades semelhantes de promotores, neutros e detratores, representando uma grande oportunidade de melhoria nos produtos, serviços e atendimento. Zona Crítica, revela um NPS negativo, variando entre -100% e -1%, o que indica grandes perdas para a empresa devido ao alto número de clientes detratores.

Estando na zona de qualidade, com 61% de NPS a empresa teve imagem positiva frente ao mercado. Alonso (2020) diz que em 2019 a Netflix obteve um NPS de 68%, Tesla 96% e Starbucks 77% de NPS. Apesar de estar na zona de qualidade em vez da zona de excelência, a Netflix alcançou resultados notáveis em seu setor, visto que 80% de seus clientes não utilizavam nenhum outro serviço de streaming, enquanto em média 61% dos assinantes do Hulu e 62% dos assinantes do HBO também contratavam outros serviços simultaneamente. Mesmo sendo empresas com negócios diferentes é percebido que estar na zona de qualidade, não necessariamente significa um resultado ruim, como o exemplo da Netflix, porém é preciso identificar as oportunidades de melhoria e buscar atingir a zona de excelência.

Conforme sugere Reichheld (2006), tendo em vista buscar a melhora dos resultados entendendo as principais falhas, identificando onde as expectativas dos clientes foram frustradas e buscando garantir a melhoria continua do processo, analisamos os clientes detratores através da página 1 do "dashboard". Clicando na parte em vermelho do indicador Resultado Pesquisas, conforme ilustrado na Figura 7, percebeu-se que 19% das reclamações estavam relacionadas a benefícios dos colaboradores; 14%

relacionadas a falta de cobertura dos postos de trabalho, 12% relacionados a baixa presença de liderança nos setores, 8% relacionadas a falta de comunicação ou falhas de comunicação com a empresa, 8% relacionadas a atrasos nos retornos de solicitações como ajustes de escopo e orçamentos, e 5% relacionados a falta de treinamento dos colaboradores.

Ao analisarmos os clientes neutros através da página 1 do "dashboard", clicando na parte em amarelo do indicador Resultado Pesquisas, conforme ilustrado na Figura 8, percebeu-se que 20% das reclamações estavam

relacionadas a atrasos nos retornos de solicitações como ajustes de escopo e orçamentos, 13% relacionados a falta de treinamento dos colaboradores, 12% das reclamações relacionadas a liderança e gestão direta junto ao cliente, 10% relacionadas a falta de comunicação ou falhas de comunicação com a empresa, 8% a benefícios dos colaboradores e 8% relacionadas a falta de cobertura dos postos de trabalho.

Figura 7: Representação gráfica da seleção clientes detratores.

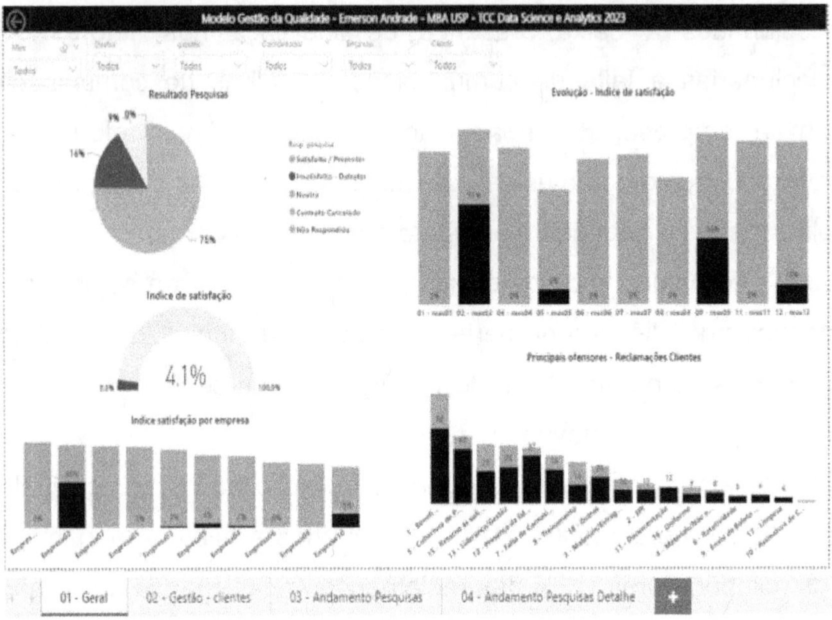

Fonte: Autor

Figura 8: Representação gráfica da seleção clientes neutros.

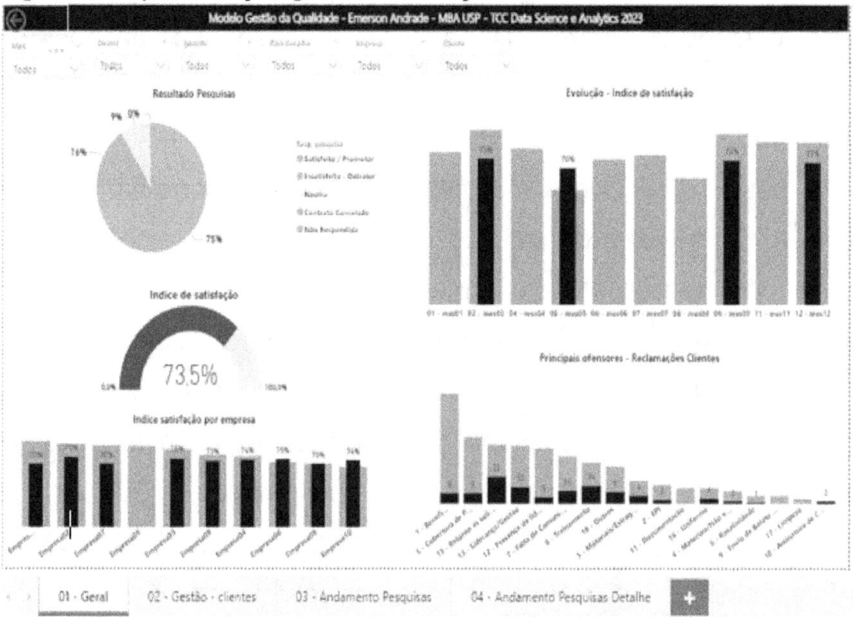

Fonte: Autor.

De forma a exemplificar a analise por empresa, selecionamos a empresa04 na primeira página do "dashboard". Conforme ilustrado na Figura 9, foi identificado melhora dos resultados a partir do mês09, sendo o aumento de resultados em 22% desde o início das medições onde o resultado saiu de 71% para 87% de índice de satisfação. As reclamações relacionadas a benefícios, representando o maior ofensor listado pelos clientes desta empresa, tiveram uma redução de 66% no último trimestre comparado com o primeiro do período, enquanto as reclamações relacionadas a Equipamentos de proteção Individual [EPI] foram zeradas e cobertura de postos tiveram uma redução de 50%.

Na da página 02 do "dashboard", ilustrado na Figura 10, foi representado o índice de satisfação por gerente, coordenador bem como os principais clientes com resultados negativos.

Figura 9: Representação gráfica da evolução do índice de satisfação do cliente selecionando somente a empresa04.

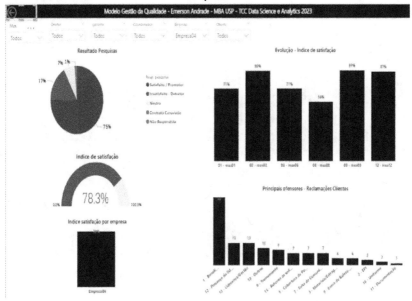

Fonte: Autor

Figura 10: Representação gráfica do índice de satisfação por gerente, coordenador e clientes com maior índice de reclamações.

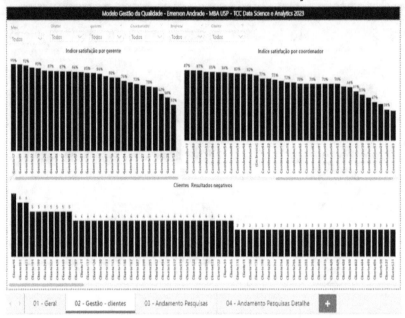

Fonte: Autor.

Identificamos que o cliente 98 apresentava 7 pesquisas detratoras, ao realizar o filtro de cliente na página 1 do "dashboard", indicador ilustrado na Figura 11, identificamos que os problemas estavam relacionados principalmente a cobertura de postos, problemas ocorridos no primeiro semestre do período. Apesar da tentativa de reversão e tratativas frente a estes problemas, que não voltaram a ser motivo de reclamação do cliente, nos meses seguintes, a liderança, por se tratar de um cliente de menor potencial e relevância, acabou não priorizando as tratativas dos novos problemas, recebendo assim a carta de distrato deste cliente. Este tipo de exemplo foi apresentado na reunião mensal da alta gestão para identificar as principais causas e evitar que este tipo de problema voltasse a acontecer. Uma das ações criadas foi a visita da qualidade e elaboração de planos de ação com acompanhamento da alta direção em clientes com mais de 3 notas detratoras durante o período.

Com a análise da página 02 do "dashboard", identificou-se que o gerente 13 tinha um índice de satisfação médio de 50% e o coordenador 65, 37% de índice médio de satisfação. Filtrando este gerente na página 1 do "dashboard" foi identificado que este, tinha como principal ofensor problemas relacionados a falta de comunicação. Aplicando o mesmo filtro ao coordenador 65 foi identificado que o seu principal ofensor estava relacionado a falta de retorno as solicitações dos clientes, sendo suas duas reclamações relacionadas a este problema. Neste exemplo, ilustrado na Figura 12, uma das ações foi a realização de um "workshop" com temas relacionados a atendimento e relacionamento com o cliente para todos os gestores.

A partir de analises similares durante o período, foram realizadas ações para melhora do índice por gerente, coordenador e ações isoladas para melhora do índice de satisfação nos principais clientes ofensores, evitando assim a perda de clientes e consequentemente o aumento do índice de retenção. As principais ações foram a maior aproximação e foco nos clientes com maior índice de reclamações e treinamentos relacionados a gestão para os gerentes e coordenadores com menor índice de satisfação.

Figura 11: Representação gráfica da evolução das pesquisas durante o período com aplicação de filtro cliente.

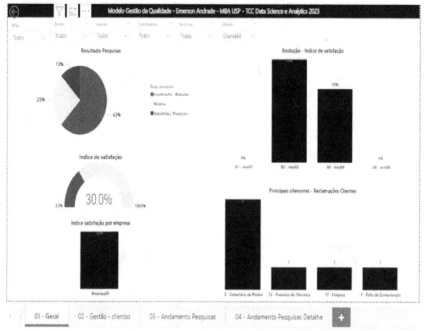

Fonte: Autor.

Figura 12: Representação gráfica da evolução das pesquisas durante o período com a aplicação do filtro coordenador.

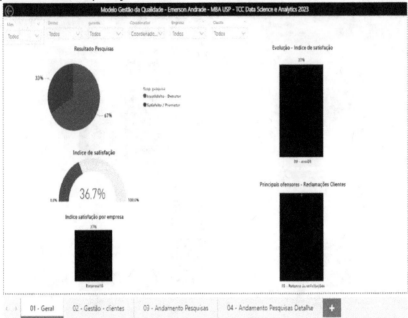

Conforme ilustrado na Figura 13 e Figura 14, nas páginas 03 e 04 do "dashboard", foi possível acompanhar durante o período de pesquisa a evolução dos ciclos com os clientes respondentes e pendentes, o índice de satisfação, os resultados das pesquisas e o índice de adesão por gerente e por coordenador. Esse painel foi utilizado a cada ciclo para garantir o maior número de respostas dos clientes. Com a aplicação dos filtros do "dashboard" cada gestor pôde filtrar seus clientes e acompanhar o detalhamento das pesquisas e comentários. Estes indicadores ajudaram a garantir maior aderência de resposta com aproximação dos gestores junto aos clientes não respondentes e consequentemente melhora do índice de satisfação a partir do entendimento das necessidades.

Figura 13: Representação gráfica da evolução das pesquisas durante o período.

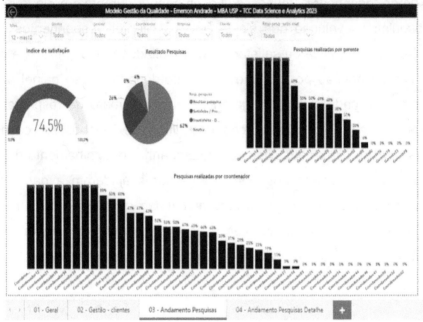

Fonte: Autor

Figura 14: Representação gráfica do "dashboard" detalhe das pesquisas durante o período.

Fonte: Autor

Atrelando as reclamações relacionadas a benefícios com empresa, gerente e coordenador e da análise dos dados em tabela dinâmica, conforme ilustrado na Figura 15, foi observado que a empresa04, o gerente21 e coordenador14 foram responsáveis pelo maior índice de reclamações.

Alterando a seleção de reclamações por benefícios para cobertura de postos, conforme ilustrado na Figura 16, foi identificado empresa09, o gerente04 e coordenador61 foram responsáveis pelo maior índice de reclamações deste tipo.

Com a utilização destes dados e análises identificou-se os principais motivos que levam estas empresas, gerentes e coordenadores a receberem maior índice de reclamações por tipo, além de identificar as melhores práticas daqueles que possuem menor índice de reclamações e definir ações para reduzir o índice de reclamações relacionadas aos principais temas.

Com a utilização destes dados e análises identificou-se os principais motivos que levam estas empresas, gerentes e coordenadores a receberem maior índice de reclamações por tipo, além de identificar as melhores práticas daqueles que possuem menor índice de reclamações e definir ações para reduzir o índice de reclamações relacionadas aos principais temas.

Figura 15: Análise dos dados em tabela dinâmica relacionando as reclamações de benefícios com empresa, gerente e coordenador.

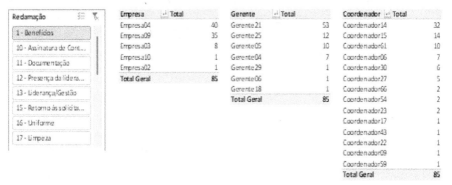

Fonte: Autor.

Figura 16: Análise dos dados em tabela dinâmica ao longo de um ano relacionando as reclamações de cobertura de postos com empresa, gerente e coordenador.

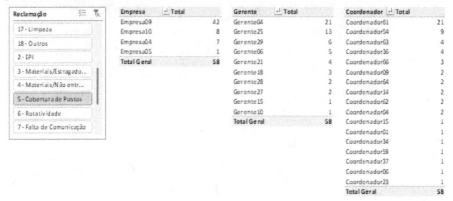

Fonte: Autor.

Figura 17: Representação gráfica da evolução do índice de satisfação do cliente.

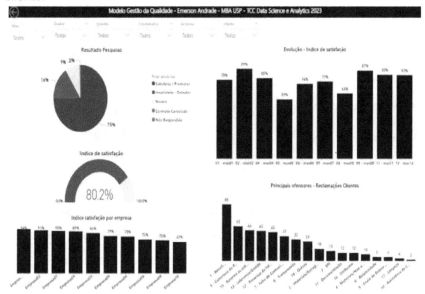

Fonte: Autor.

A partir do segundo trimestre a empresa incorporou novas empresas adquiridas pelo grupo. A aquisição destas empresas influenciou nos processos internos e diretamente no índice de satisfação geral. Os resultados foram recuperados a partir do quarto trimestre com a tratativa dos principais problemas provenientes destas novas empresas, apesar disso, ao realizar a analise entre o primeiro trimestre ao quarto trimestre do período, verificamos a redução de 58% das reclamações relacionadas a benefícios, 24% das reclamações relacionadas a cobertura de postos e 83% das reclamações relacionadas a treinamentos.

Os modelos e exemplos apresentados acima representaram apenas algumas das principais analises e ações realizadas a partir da implantação do projeto. Durante todo o ciclo foram realizadas diversas reuniões aplicando diversos filtros e analises para identificar os pontos de melhoria de cada gestor, empresa e cliente. Gestores com melhor índice de satisfação foram premiados e convidados a apresentar nas reuniões mensais com a alta gestão as melhores práticas para retenção e aumento do índice de satisfação dos clientes, enquanto os gestores com menor índice de satisfação, passaram por treinamentos de capacitação a fim de melhorar continuamente seus resultados.

Apesar de o Grupo ter mantido sua posição na zona de qualidade e ter uma imagem positiva perante os clientes, é fundamental prosseguir com os ciclos de pesquisa e aprimoramento. Isso implica em identificar as causas das reclamações, identificar os clientes insatisfeitos e os principais problemas. Ao abordar essas causas e continuar investindo na melhoria do atendimento, objetiva-se alcançar a zona de excelência, garantindo assim a satisfação contínua dos clientes.

5 CONSIDERAÇÕES FINAIS

Com a aplicação da metodologia NPS e boas práticas de "storytelling" com dados, foram definidos indicadores, construído um painel de monitoramento para gestão do índice de satisfação dos clientes e evolução dos gestores no relacionamento com os clientes na empresa. Por meio do "dashboard" desenvolvido, possibilitou-se compilar e analisar os principais dados obtidos durante os ciclos de pesquisa, tais como, clientes insatisfeitos, principais motivos para insatisfação, gerentes e coordenadores com menor e maior índice de satisfação em sua carteira de clientes, entre outros. Por intermédio da interpretação dos principais indicadores foram desenvolvidas analises diretamente na base de dados a fim de encontrar os principais ofensores para a queda do índice de satisfação.

Por intermédio da implantação do projeto na empresa de serviços obteve-se uma melhora de 14% no índice geral de satisfação já no segundo mês de medição e 6% durante todo o período. Com a implantação das ações para redução dos principais ofensores e tratativas dos problemas foi possível reduzir, comparando o primeiro trimestre em relação ao quarto trimestre, 58% das reclamações relacionadas a benefícios, 24% do índice de reclamações relacionadas a cobertura de postos e 83% das reclamações relacionadas a falta de treinamento. Com a análise e acompanhamento continuo dos indicadores a empresa melhorou o entendimento das necessidades dos clientes, teve maior capacidade de tratar os principais problemas, tendo com isso maior fidelização, melhora na lucratividade e maior crescimento orgânico. Durante o período foi observado que a aquisição de novas empresas e incorporações tiveram impacto direto nos resultados visto a influência nos processos internos da empresa, mudanças de gestão e da nova base de clientes entrantes na metodologia.

6 REFERÊNCIAS

DEPEXE, M. D.; Paladini, E. P. 2008. Benefícios da implantação e certificação de sistemas de gestão da qualidade em empresas construtoras. Revista Gestão Industrial, v. 4, n. 2, p. 145-161, 2008.

DOERR, John. Avalie o que importa: como o Google, Bono Vox e a Fundação Gates sacudiram o mundo com metas audaciosas. Rio de Janeiro: Intrínseca, 2018.

DUARTE, TOMÁS; RICCO, RODRIGO. Manual rápido do nps: gestão do feedback do cliente em tempo real. Disponível em: <https://thiagoconcer.com.br/wp-content/uploads/2018/04/NPS-MANUAL.pdf>. Acesso em: 23 de setembro de 2023.

Dykes, B. Data storytelling: The essential data science skill everyone needs. 31 mar. 2016. Disponível em: https://www.forbes.com/sites/brentdykes/2016/03/31/data-storytelling-the-essential-data-science-skill-everyone-needs/?sh=546e6dee52ad. Acesso em: 17 set. 2023.

Alonso, R. 2020. Net Promoter Score (NPS): o que é, como aplicar e estudos de caso. 12 jun. 2020. Disponível em: https://fia.com.br/blog/net-promoter-score-nps/. Acesso em 18 mai. 2023.

FEW, S.Information dashboard design: The effective visual communication of data. Sebastopol, CA: O´Reilly Media, Inc, 2006.

Knaflic, C. N. Storytelling com dados: Um guia sobre visualização de dados
para profissionais de negócios. Alta Books, 2017.

KOTLER, Philip. Administração de Marketing, a edição do novo milênio. Tradução de Bazan Tecnologia e Linguistica. São Paulo: Print Hall, 2000.

Kotler, Philip. Marketing 4.0. Tradução de Ivo Korytowski. Rio de Janeiro: Sextante, 2017.

LAGROSEN, S.; LAGROSEN, Y. Quality configurations: a contingency approach to quality management. International Journal of Quality & Reliability Management, v. 20, n. 7, p. 759-773, 2003. Disponível em: https://www.researchgate.net/publication/241284722_Quality_configurationsa_contingency_approach_to_quality_management. Acesso em: 15 jul. 2023.

Reichheld, F. F. (2011). A Pergunta Definitiva 2.0: Como Net Promoter Companies Prosperam em uma Economia em Redes. Bookman Editora.

ROCHA, Mayesk; FERREIRA, Daniela; GÓES, Antônio. Aplicação Do Net Promoter Score (NPS) Como Forma de Mensuração Da Satisfação Dos Clientes De Uma Casa Cervejeira Em Ilhéus. A gestão estratégica na administração / Organizador Rudy de Barros Ahrens. – Ponta Grossa (PR): Atena Editora, 2017.

CAPÍTULO 3 | TECNOLOGIAS DA INDÚSTRIA 4.0 E A TRANSFORMAÇÃO NO SISTEMA FINANCEIRO

Gabriela Sabino Souza

RESUMO

O objetivo deste artigo é examinar a implementação de tecnologias da Indústria 4.0, como a Inteligência Artificial (IA), para aprimorar os processos operacionais de um banco estrangeiro no Brasil. O contexto aborda a transformação digital no setor financeiro, com foco em sistemas ciber-físicos, Internet das Coisas (IoT) e Internet dos Serviços (IoS), que permitem virtualização, descentralização e adaptação em tempo real das operações bancárias. A questão problematizadora é: como a IA pode melhorar a eficiência operacional e a experiência do cliente no setor bancário? A justificativa está na crescente necessidade de inovação tecnológica para garantir competitividade, ao mesmo tempo que se mantém a segurança cibernética e a estabilidade financeira. A metodologia inclui uma análise teórica das aplicações de IA e outras tecnologias digitais no sistema financeiro, apoiada por estudos de caso. O referencial teórico é baseado em autores como Schwab (2016) e Kaplan (2018), que discutem os impactos da digitalização e segurança no setor. Os resultados indicam que a IA aprimora a análise preditiva e personalização de serviços, mas requer atenção às implicações regulatórias. Nas considerações finais, conclui-se que a transformação digital está redefinindo as práticas bancárias e exige adaptações regulatórias para equilibrar inovação e proteção ao consumidor.

Palavras-chave: INTELIGÊNCIA ARTIFICIAL; TRANSFORMAÇÃO DE PROCESSOS; INDÚSTRIA 4.0; INOVAÇÃO; SISTEMA FINANCEIRO.

1. INTRODUÇÃO

A transformação digital tem remodelado diversos setores econômicos globais, incluindo o financeiro (FEDERAÇÃO BRASILEIRA DE BANCOS, 2022). A Indústria 4.0 oferece novas possibilidades para bancos aprimorarem sua eficiência, segurança e satisfação do cliente, especialmente com a implementação de tecnologias como a Inteligência Artificial (IA). O capítulo detalha a aplicação e o impacto dessas tecnologias no sistema bancário, focando especificamente em um banco estrangeiro atuante no Brasil. A discussão não só traça o contexto histórico e a evolução tecnológica no setor bancário, mas também explora como a IA está sendo utilizada para transformar processos e melhorar a experiência do cliente.

A importância deste capítulo reside na crescente pressão sobre os bancos para se adaptarem às rápidas mudanças tecnológicas que definem a quarta revolução industrial. Conforme Schwab (2016, p. 102): "A adoção da Indústria 4.0 não é apenas uma portunidade; é uma imperativo se os bancos desejam permanecer competitivos em um cenário financeiro global em evolução".

A integração de IA nos processos bancários não é apenas uma questão de automação, mas uma redefinição fundamental de como os serviços são concebidos, entregues e percebidos pelos consumidores.

Adicionalmente, a literatura existente sugere que, embora muitos estudos tenham explorado a adoção de tecnologias da Indústria 4.0 em manufatura e produção, pouca atenção foi dada ao setor de serviços, particularmente ao setor bancário (Kaplan, 2018, p. 58). Este capítulo busca preencher essa lacuna, fornecendo insights sobre como a tecnologia pode induzir a transformação em um setor tradicionalmente percebido como conservador em termos de adoção tecnológica.

O capítulo se desenvolve por intermédio de uma abordagem que combina revisão teórica com estudo de caso, garantindo uma compreensão abrangente e prática do assunto (Gil, 2002; Yin, 2001). A revisão da literatura estabelece o quadro teórico necessário para entender as inovações tecnológicas no setor financeiro (Schwab, 2016; Hermann, Pentek & Otto, 2015), enquanto o estudo de caso proporciona uma visão real dos desafios e benefícios da implementação da IA (Kaplan, 2018; Gomber, Koch & Siering, 2017). A análise dos dados recolhidos através de entrevistas, questionários e revisão documental permite uma avaliação crítica dos resultados esperados e observados, contribuindo assim para uma discussão Informada sobre a direção futura da tecnologia no setor bancário.

O capítulo conclui com uma reflexão sobre as implicações para bancos, reguladores e consumidores, destacando a importância de uma estratégia digital bem integrada para a sustentabilidade competitiva no futuro (Schwab, 2016; Kaplan, 2018).

Este capítulo aprofunda-se nos fundamentos da Indústria 4.0, uma revolução tecnológica que integra processos digitais aos ambientes físicos, especialmente no setor bancário. A Indústria 4.0 introduz um patamar inédito de conectividade e automação em diversas áreas, e no setor financeiro, isso se reflete na adoção de tecnologias como Inteligência Artificial (IA), sistemas ciber-físicos (CPS), Internet das Coisas (IoT) e Internet dos Serviços (IoS). Essas inovações não apenas transformam as operações bancárias, mas também redefinem a relação entre as instituições financeiras e seus clientes.

A implementação de IA no setor financeiro configura uma das aplicações mais revolucionárias da Indústria 4.0. KAPLAN (2018) destaca que a IA proporciona várias melhorias operacionais, incluindo automação de processos, personalização de serviços financeiros e aprimoramento da gestão de riscos e conformidade. Essas funcionalidades são essenciais em um cenário regulatório desafiador e em

constante transformação. Além disso, a IA desempenha um papel crucial no desenvolvimento de sistemas de decisão em tempo real, contribuindo significativamente para a eficiência operacional e a experiência do cliente.

O referencial teórico deste estudo abrange uma vasta gama de literatura sobre digitalização financeira e modelos operacionais emergentes. Teorias de transformação digital, que exploram a integração de tecnologias digitais nas empresas e operações bancárias, são detalhadamente analisadas. Hermann, Pentek e Otto (2015) oferecem um framework valioso para compreender os componentes principais da Indústria 4.0 e como eles interagem para criar sistemas financeiros mais robustos e adaptáveis. Adicionalmente, Schwab (2016) fornece insights sobre os impactos econômicos e sociais das tecnologias da Quarta Revolução Industrial.

A pesquisa documental identificou que, apesar de uma grande quantidade de literatura teórica sobre a Indústria 4.0, há lacunas significativas na aplicação prática dessas tecnologias no setor financeiro (HERMANN; PENTEK; OTTO, 2015; SCHWAB, 2016). Enquanto muitos estudos se concentram em indústrias de manufatura, o setor de serviços, especialmente o bancário, ainda explora

o potencial completo dessas inovações (KAPLAN, 2018). Este trabalho busca preencher essa lacuna, analisando

como um banco estrangeiro no Brasil incorpora a IA em suas operações diárias. GOMBER, KOCH e SIERING (2017) fornecem uma base para essa análise, discutindo as implicações regulatórias e operacionais da blockchain e IA no setor financeiro.

A revisão da literatura ressaltou a importância de selecionar fontes que abordam não apenas os aspectos tecnológicos e operacionais da Indústria 4.0, mas também consideram as implicações éticas, sociais e econômicas dessas tecnologias (Schwab, 2016; Gomber, Koch & Siering, 2017). As publicações mais recentes foram priorizadas para garantir que o estudo refletisse tendências contemporâneas e emergentes. Esse esforço é evidente na inclusão de pesquisas sobre o impacto da pandemia de COVID-19 no aceleramento da digitalização bancária, destacando a constante evolução do setor financeiro (Kaplan, 2018; Schwab, 2016).

O artigo não apenas sintetiza o conhecimento existente, mas também apresenta uma análise original de como as tecnologias da Indústria 4.0 podem ser empregadas para superar desafios específicos no setor bancário. Ao comparar os resultados deste estudo com as

conclusões de outros pesquisadores, identificam-se tanto confirmações quanto contradições nos impactos dessas tecnologias (Hermann, Pentek & Otto, 2015; Schwab, 2016).

Por exemplo, enquanto muitos especialistas argumentam que a IA pode reduzir significativamente os custos operacionais (Kaplan, 2018), este estudo também revela desafios, como a necessidade de investimentos iniciais substanciais e contínuos em treinamento e capacitação de pessoal (Gomber, Koch & Siering, 2017).

1.1 Objetivo Geral

O objetivo geral deste capítulo é analisar a aplicação das tecnologias da Indústria 4.0 no sistema financeiro, com foco específico na implementação de soluções de Inteligência Artificial em um banco estrangeiro no Brasil.

1.2 Objetivo específico

a) Investigar as principais tecnologias associadas à Indústria 4.0 que estão sendo integradas no sistema financeiro, com ênfase em sistemas ciber-físicos, Internet das Coisas (IoT) e Internet dos Serviços (IoS);

b) Examinar um caso específico de implementação de Inteligência Artificial por um banco estrangeiro;

c) operando no Brasil, destacando os desafios e benefícios dessa integração;

d) Avaliar o impacto dessas tecnologias na eficiência operacional do banco, na satisfação do cliente e na posição competitiva do banco no mercado.

1.3 Pergunta problematizadora

A questão central que direciona este capítulo é: Como a implementação de tecnologias da Indústria 4.0, particularmente a Inteligência Artificial, está transformando os processos operacionais em bancos no Brasil, e qual é o impacto percebido na eficiência operacional e na experiência do cliente?

2. METODOLOGIA

A metodologia deste capítulo é fundamentada numa abordagem mista, integrando métodos qualitativos e quantitativos, para explorar a incorporação e o impacto das tecnologias da Indústria 4.0, com ênfase na Inteligência Artificial (IA), nas operações de um banco estrangeiro no Brasil (Gil, 20020. A investigação é delineada como um estudo de caso, proporcionando uma análise profunda de um exemplo específico que ilustra a adaptação tecnológica
em ambientes bancários. Esta abordagem é complementada por uma pesquisa bibliográfica extensiva, que apoia a contextualização e a discussão dos achados do estudo de caso com literatura relevante.

Neste contexto, essa metodologia foi escolhida para permitir uma investigação detalhada sobre a implementação de soluções de IA em um contexto bancário real, observando especificamente as mudanças nos processos, impactos operacionais e desafios enfrentados durante a transição para tecnologias avançadas.

Pesquisa Bibliográfica: Compreende a análise de literatura acadêmica, relatórios de indústria e estudos anteriores sobre a Indústria 4.0, IA no setor financeiro, e suas implicações para operações bancárias.

Os dados foram coletados utilizando as seguintes técnicas:

i. Entrevistas Semi-Estruturadas: Realizadas com a equipe de gestão do banco, incluindo executivos e gerentes de TI, para obter insights qualitativos sobre a implementação, operacionalização e impactos da IA. Cada entrevista foi projetada para explorar tanto

as percepções pessoais quanto as experiências profissionais relacionadas às novas tecnologias.

ii. Análise Documental: Inclui o exame de documentos internos do banco, como relatórios de implementação de tecnologia, registros de performance e feedback de funcionários sobre as novas ferramentas e processos.

O capítulo foi realizado em várias filiais de um banco estrangeiro estabelecido no Brasil, proporcionando uma análise compreensiva do uso de IA em diferentes ambientes operacionais. Este contexto foi escolhido devido ao papel pioneiro do banco na adoção de tecnologias avançadas e sua relevância para o setor financeiro brasileiro. Além disso, envolveu cerca de 30 participantes diretamente relacionados com a implementação e gestão de IA no banco. Isso incluiu uma mistura de executivos de alto nível responsáveis pela tomada de decisões estratégicas e gerentes técnicos que lidam com a implementação e manutenção diária das tecnologias.

2.1 Procedimentos Analíticos

A análise dos dados coletados foi dividida em duas principais vertentes:

1) Análise Qualitativa: Utilizou-se a técnica de análise de conteúdo para extrair temas e padrões das

transcrições das entrevistas. Esta abordagem permitiu identificar as percepções, experiências e desafios relatados pelos participantes em relação à adoção de IA.

2) Análise Descritiva: A análise dos documentos internos ajudou a quantificar e descrever as mudanças implementadas e os resultados alcançados com as novas tecnologias.

Para assegurar a validade e confiabilidade dos resultados, o estudo adotou procedimentos rigorosos de coleta e análise de dados. As entrevistas foram conduzidas seguindo um roteiro pré-estabelecido para garantir que todos os tópicos relevantes fossem abordados consistentemente. A análise documental foi realizada por dois pesquisadores independentes para garantir a objetividade e a precisão na interpretação dos dados.

Todas as entrevistas foram conduzidas com a prévia concordância dos participantes, que foram informados sobre os objetivos do estudo e assegurados de sua anonimidade e confidencialidade. Este desenho metodológico proporciona uma estrutura robusta para investigar como a Inteligência Artificial vem se integrando às operações bancárias e qual o seu impacto, oferecendo
insights para acadêmicos, profissionais e decisores no campo da tecnologia financeira.

4. RESULTADOS

A análise do emprego de tecnologias da Indústria 4.0, particularmente a Inteligência Artificial (IA), em um contexto bancário fornece uma visão compreensiva sobre a transição digital no setor financeiro. A comparação dos conceitos teóricos com as práticas observadas no banco estrangeiro revela um alinhamento bem-sucedido, bem como desafios que ainda persistem.

A integração de IA em operações bancárias, conforme observado nos estudos de Hermann et al. (2015) e Kaplan (2018), promete eficiência e automação. No entanto, a aplicação real no banco estudado mostrou que, enquanto certas operações foram otimizadas, outras enfrentaram obstáculos como a resistência à mudança por parte dos funcionários e questões de segurança cibernética que não foram totalmente antecipadas, destacando uma discrepância entre teoria e prática que necessita de mais atenção.

Refletindo sobre os dados coletados, observa-se que a adoção de IA não é apenas uma questão tecnológica, mas também uma transformação cultural dentro das organizações. O sucesso dessa integração depende significativamente de uma liderança eficaz, treinamento adequado e uma clara comunicação sobre os benefícios dessas mudanças para todos os envolvidos.

4.1 Cenário de Aplicação Metodológica

As tabelas e diagramas apresentados fornecem uma visão clara do cenário antes e depois da implementação da IA no banco. As Tabelas 1 a 11, organizadas por área, macroprocessos e atividades, descrevem em diferentes níveis as operações realizadas nas agências, pelos fornecedores, na manufatura e pela equipe de tratamento de dados. Esses elementos detalham, de forma específica, a transição para processos mais automatizados e eficientes

Tabela 1: Detalhamento das atividades da agência

Área Responsável	Macroprocessos	Atividades
Agência	Venda	Acionamento passivo ou ativo da demanda do cliente na agência
		Apresentar o produto
		(Se necessário) acessar normativo para obter lista de documentos
		Solicitar documentação para formalizar a venda
		Validar documentação
		Colher assinatura do cliente em todas as vias necessárias

Fonte: Autora

Tabela 2: Detalhamento das atividades da agência

Área Responsável	Macroprocessos	Atividades
Agência	Upload de documentos	Digitalizar toda a documentação na impressora
		Conferir a qualidade da digitalização
		Inserir toda a digitalização no WorkFlow
		Finalizar contratação no sistema produto

Fonte: Autora

Tabela 3: Detalhamento das atividades da agência

Área Responsável	Macroprocessos	Atividades
Agência	Pós-Venda	Verificar pendências no Painel de Controle Diário
		Requisitar documentações faltantes aos clientes, se for o caso, e solucionar pendência
		Acionar canal interno para contestação caso não esteja de acordo com o pendenciamento

Fonte: Autora

Tabela 4: Detalhamento das Atividades dos Fornecedores

Área Responsável	Macroprocessos	Atividades
Fornecedores I/ C/ NS	Recepção da Documentação	Recepcionar documentação física via malote
		Recepcionar documentação via malote digital no Workflow
		Recepcionar documentação via malote digital no portal do fornecedor
		Recepcionar documentação via assinatura digital, usada pelos clientes Recepção da carga (formalização e manutenção)

Fonte: Autora

Tabela 5: Detalhamento das Atividades dos Fornecedores

Área Responsável	Macroprocessos	Atividades
Fornecedores I/ C/ NS	Recepção da Carga (formalização e	Recepcionar Excel/TXT com as cargas de formalização e manutenção no diretório

	manutenção)	Cargas condicionais: buscar arquivos nas plataformas de forma manual Tratamento da carga
	Tratamento de carga	Tratar todas as cargas para pendenciar (layout, complementar dados, cruzamentos etc) Associação das cargas do sistema legado com a imagem do workflow e a documentação recepcionada

Fonte: Autora

Tabela 6: Detalhamento das Atividades dos Fornecedores

Área Responsável	Macroprocessos	Atividades
Fornecedores I/ C/ NS	Asociação das cargas do sistema legado com imagem do workflow e a documentação recepcionada	Associação automática das cargas do sistema legado com a imagem do Workflow (C/C) (conferindo checklist)
		Associação manual das cargas do sistema legado com a imagem do Workflow (demais produtos) (conferindo checklist) Baixa de pendências
	Baixa de pendências	Conferir a documentação com o checklist e baixar as pendências do PCA no sistema Portal do Fornecedor I
		Conferir a documentação com o checklist e baixar as pendências do PCA no sistema do Fornecedor C

Fonte: Autora

Tabela 7: Detalhamento das Atividades da Manufatura

Área Responsável	Macroprocessos	Atividades
Manufatura	Conferência da recepção da carga	Garantir que as cargas foram recepcionadas no diretório
	Geração do PCA mensal	Exclusão de chamados nos canais internos
		Corte da data de pendências do PCA
		Atualização das pendências para fechamento do mensal
		Conferências em geral para garantir se as pendências são procedentes

Fonte: Autora

Tabela 8: Detalhamento das Atividades da Manufatura

Área Responsável	Macroprocessos	Atividades
Manufatura	Gerenciamento das operações de pendências	Acompanhamento e questionamentos das pendências
		Garantir cumprimento do SLA

Fonte: Autora

Tabela 9: Detalhamento das Atividades da Equipe de Tratamento de Dados: Destaca como a IA contribuiu para uma análise de dados mais rápida e precisa

Área Responsável	Macroprocessos	Atividades
Tratamento de Dados	Publicação PCA diário	Extração
		Importação
		Exportação
		Conferência
		Disponibilização de arquivos
		Atualização do painel de controle de aderência diário

Fonte: Autora

Tabela 10: Detalhamento das Atividades da Equipe de Tratamento de Dados: Destaca como a IA contribuiu para uma análise de dados mais rápida e precisa

Área Responsável	Macroprocessos	Atividades
Tratamento de Dados	Publicação PCA mensal	Extração
		Importação
		Exportação
		Conferência
		Disponibilização de arquivos
		Atualização do painel de controle de aderência mensal

Fonte: Autora

Tabela 11: Detalhamento das Atividades da Equipe de Tratamento de Dados: Destaca como a IA contribuiu para uma análise de dados mais rápida e precisa

Área Responsável	Macroprocessos	Atividades
Tratamento de Dados	Geração de arquivos DE/PARA	Atualização das identificações únicas das agências
		Atualização das informações PABs
		Atualização das informações de novos contratos
		VF (base única)
		Arquivos de Demais Segmentos (polos, plataformas, presença em universidades)

Fonte: Autora

Os Diagramas Gerais do Processo (Figuras 1 e 2) mostram o fluxo de operações antes e depois da implementação da IA facilitando a compreensão das mudanças estruturais e operacionais efetivadas.

Figura 1 Diagrama geral do processo

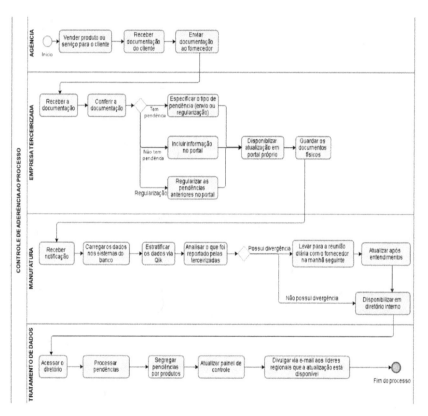

Fonte: Autora

Figura 2 – Diagrama geral do processo

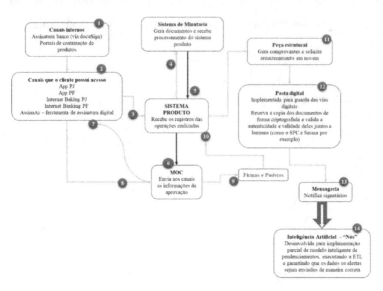

Fonte: Autora

4.2 Desenho da Solução – A Inteligência Artificial como Proposta de Solução

A solução de IA implementada foi desenhada para integrar e sincronizar todas as operações do banco. O uso de IA para analisar e prever tendências do mercado financeiro permitiu uma resposta mais rápida às demandas do cliente e adaptação às mudanças do mercado, evidenciando a capacidade da tecnologia de agir sobre dados complexos em tempo real.

124

A implementação da IA reformulou o modelo operacional do banco, passando de um sistema tradicionalmente reativo para um modelo proativo e baseado em dados. As decisões agora são mais informadas e o tempo de resposta para as necessidades dos clientes diminuiu significativamente. Além disso, a eficiência operacional melhorou, reduzindo custos e aumentando a satisfação do cliente.

5. CONSIDERAÇÕES FINAIS

Este capítulo objetivou explorar a integração das tecnologias da Indústria 4.0, especificamente a Inteligência Artificial (IA), nas operações de um banco estrangeiro no Brasil. O estudo procurou avaliar como essas tecnologias podem melhorar os processos operacionais e a experiência do cliente, respondendo às questões problematizadoras levantadas na introdução e determinando se os objetivos propostos foram alcançados.

Os objetivos específicos do estudo incluíram a investigação da aplicação de tecnologias da Indústria 4.0 no sistema financeiro, com foco na IA, e a análise de seu impacto na eficiência e na experiência do cliente. As análises e reflexões conduzidas revelaram que a adoção da

IA resultou em melhorias significativas na eficiência operacional, na redução de custos, e

na capacidade de resposta às necessidades do cliente. Estes resultados confirmam que os objetivos inicialmente propostos foram amplamente alcançados.

A implementação da IA no banco trouxe uma série de benefícios operacionais e estratégicos. Por meio das tabelas e diagramas apresentados, foi possível visualizar a transformação nas atividades diárias do banco, desde a gestão de agências até o tratamento de dados. As operações tornaram-se mais ágeis e menos suscetíveis a erros, enquanto a análise de dados passou a ser mais rápida e precisa, permitindo decisões baseadas em informações mais robustas.

A integração de sistemas ciber-físicos, IoT e IoS facilitou uma comunicação mais eficiente entre diferentes departamentos e operações, destacando a virtualização e a descentralização como elementos chave para a adaptação em tempo real às demandas do mercado. Estes avanços corroboram a literatura consultada, que ressalta a transformação digital como um imperativo para a competitividade e sustentabilidade no setor financeiro contemporâneo.

As questões problematizadoras sobre como a IA poderia transformar os processos operacionais e melhorar a experiência do cliente foi respondida afirmativamente. A adaptação tecnológica não apenas otimizou processos internos, mas também melhorou significativamente a interação com os clientes, proporcionando serviços mais personalizados e eficientes.

Em suma, este estudo demonstrou que a implementação de tecnologias avançadas da Indústria 4.0, particularmente a IA, no setor bancário, é não apenas viável como também altamente benéfica. Os resultados obtidos alinham-se com os objetivos propostos e confirmam a relevância de continuar a explorar essas tecnologias para futuras inovações no setor. Entretanto, é crucial reconhecer que tais implementações exigem consideração cuidadosa dos desafios organizacionais e culturais, demandando um compromisso contínuo com a formação e adaptação dos funcionários para maximizar os benefícios das tecnologias digitais.

6. REFERÊNCIAS

ARMER, Douglas W.; BARBERIS, Janos N.; BUCKLEY, Ross P. The Evolution of Fintech: A New Post-Crisis Paradigm? Georgetown Journal of International Law, v. 47, p. 1271-1319, 2016.

FEDERAÇÃO BRASILEIRA DE BANCOS. Pesquisa FEBRABAN de Tecnologia Bancária 2022: tendências em tecnologia. [S.l]: Deloitte, 2022. Disponível em: https://cmsarquivos.febraban.org.br/Arquivos/documentos/PDF/pes quisa-febraban-2022-vol-2.pdf. Acesso em: 02 abr. 2024.

GIL, Antônio Carlos. Como elaborar projetos de pesquisa. Editora Atlas SA, 2002.

GOMBER, Peter; KOCH, Jens-Achim; SIERING, Michael. Digital Finance and FinTech: current research and future research directions. Journal of Business Economics, v. 87, n. 5, p. 537-580, 2017.

HERMANN, Mario; PENTEK, Tobias; OTTO, Boris. Design Principles for Industrie 4.0 Scenarios. In: Proceedings of the Annual Hawaii International Conference on System Sciences. Kauai, HI: IEEE, 2016, p. 3928-3937.

KAPLAN, Jerry. Artificial Intelligence: What Everyone Needs to Know. New York: Oxford University Press, 2018, 192 p.

LASI, Heiner; FETTKE, Peter; KEMPER, Hans-Georg; FELD, Thomas; HOFFMANN, Michael. Industry 4.0. Business & Information Systems Engineering, v. 6, n. 4, p. 239-242, 2014.

MARR, Bernard. Big Data in Practice. Chichester: Wiley, 2015, 320 p.

ROMAN, Rodrigo; ZHOU, Jianying; LOPEZ, Javier. On the features and challenges of security and privacy in distributed internet of things. Computer Networks, v. 57, n. 10, p. 2266-2279, 2013.

SCHWAB, Klaus. The Fourth Industrial Revolution. Cologny/Geneva: World Economic Forum, 2016, 198 p.

CAPÍTULO 4 | PERCEPÇÃO DOS GESTORES SOBRE PROCESSO DE TOMADA DE DECISÃO A PARTIR DA VISUALIZAÇÃO DE DADOS.

Gustavo Alex de Souza
Jorge Costa Silva Filho

RESUMO

O objetivo deste capítulo é analisar a percepção dos gestores sobre o uso de visualização de dados no processo de tomada de decisão em uma unidade de Call Center de uma empresa do varejo. O contexto envolve a crescente necessidade de adaptação tecnológica e aprendizado contínuo para atender às expectativas dos clientes, destacando o papel da ciência de dados em toda a cadeia estratégica. A questão problematizadora é: os gestores estão preparados e capacitados para usar e interpretar os dados gerados pela unidade? A justificativa se baseia na lacuna existente na literatura sobre a adaptação dos Call Centers ao uso de dados e na afinidade do pesquisador com esse nicho. A metodologia incluiu uma análise da unidade, focando na preparação dos gestores para o uso de ferramentas de análise de dados. O referencial teórico abrange conceitos de *Business Intelligence* e *Data Visualization*, associados à capacitação corporativa. Os resultados indicam que os gestores percebem a necessidade de maior aprendizado e capacitação no uso de dados, sugerindo a criação de um plano de educação corporativa. Nas considerações finais, destaca-se a abertura para novos caminhos de desenvolvimento, com base no interesse dos gestores e nas lacunas identificadas entre educação corporativa, Data Science e Business Intelligence.

Palavras-chave: DATA CITIZEN. CALL CENTER BUSINESS INTELLIGENCE. EDUCAÇÃO CORPORATIVA. DATA SCIENCE.

1 INTRODUÇÃO

O avanço da tecnologia na modernidade, aliado à um estimulo social pela inovação e competitividade, direcionam as empresas para um fluxo contínuo de reinvenção, organização e adaptação. Para Raymann (2019) as organizações que conseguirão destaque nesse fluxo serão medidas, em grande parte, pela capacidade de lidar com informações e o uso correto dos dados; ainda para esta autora, a obtenção de informações precisas sobre suas operações, seus clientes, seu mercado, geram a possibilidade de capturar e agregar oportunidades para a melhoria dos resultados.

O processo de evolução, cada vez mais influenciado pela economia mundial, trazem a necessidade de resposta para problemas que o consumidor se depara diariamente e a tecnologia vem apoiando tais necessidades na medida que evolui em conjunto, tanto em resposta para necessidades governamentais, mas não se limitando a elas (Souza Junior, 2014). Neste contexto, o processo de tomada de decisão, traz consigo a necessidade de agilidade, assertividade e apoio para os objetivos globais sociais. Ainda para Souza Junior (2014, apud Gouveia, 2009), existem diversas formas do apoio à tomada de decisão sendo algumas delas: *data warehouse*, sistemas gerenciadores de banco de dados, processamento analítico e outros.

Para Raymann (2019), não é somente o gerenciamento dos dados o ponto em questão, mas também sua filtragem e transformação em conhecimento útil, processo que se alinha com a perspectiva do *Business Intelligence*. Ainda para a autora as medidas de desempenho são populares e apresentam a validação da vantagem competitiva, mesmo que possuem ainda uma lacuna para atendimento das necessidades das partes interessadas, sendo o *Business Intelligence* um forte aliado para controle e demonstrativo de oportunidades. O uso correto e estratégico das informações, atreladas à um processo de Tomada de Decisão, diminuem as incertezas e apoiam a validação da mudança (Souza Junior, 2014).

Para compreender um pouco mais sobre o processo de tomada de decisão, o presente estudo possui objetivo de analisar uma unidade de *Call center* de uma empresa de varejo, considerando a visualização de dados neste processo. A escolha pelo estudo de um *Call center* foi pautada pela afinidade do pesquisador, além de uma lacuna existente na literatura científica de produções para esse nicho de mercado. Como *Call center* utilizamos o

conceito explorado por Vasconcelos (2019, apud Azevedo e Caldas, 2002) no qual é possível definir como um canal importante entre a empresa e o cliente, seja por forma remota e ou virtual, incluindo telefone, chat, internet e outros.

A modalidade de trabalho exercida em um *Call Center* possui uma grande caracterização por Controle e acompanhamento do esforço de trabalho, inclusive lido em várias instâncias com seu paralelo com o Taylorismo, considerando que o modelo possui o objetivo global de maximizar o volume de produção e reduzir custos (Trovao e Mussa, 2006). Um contraponto é discutido por Raymann (2019, apud Porter, 1985) no qual a própria gestão do desempenho é uma forma específica de competitividade, direcionados por melhoria contínua dos processos e transformação de aprendizados para adaptação às mudanças.

Para Beltrão (2021), o mercado tem se adaptado na tratativa do profissional que utiliza dados, inclusive para se adaptar à um novo perfil emergente que se refere ao *data citizen*. Esse profissional, com mais de uma possibilidade de inserção, atua diretamente nas áreas de negócio e faz o uso direto dos dados para apoiar às necessidades de negócio. Em uma leitura mais especifica, os gestores do
Call Center (das áreas administrativas e operacionais) são lidos pela ótica do *Data citizen*, por serem pilares no processo decisório. Com isso, buscou-se avaliar como a

unidade de negócio, denominada aqui como Unidade de *Call center* de uma empresa de varejo, está adaptada e usa os dados (incluindo sua visualização) no processo de decisão. Sendo assim os gestores estão preparados para uso e interpretação dos dados que a unidade gera? Os gestores foram capacitados para tal? Qual a percepção do *data citizen* sobre a tomada de decisão e a visualização de dados da unidade?

1.1 Objetivo Geral

Objetivo geral desse capítulo é avaliar como a unidade de negócio, denominada aqui como Unidade de Call center de uma empresa de varejo, está adaptada e usa os dados (incluindo sua visualização) no processo de tomada de decisão.

1.2 Objetivo específico

c) Identificar na literatura presente referências que debatam a realidade de uma unidade de call center,

no que tange ao processo de tomada de decisão utilizando dados;

d) Caracterizar se os gestores estão preparados para uso e interpretação dos dados que a unidade gera;

e) Identificar se gestores foram capacitados para uso de dados e o nível de maturidade de uso com as principais tecnologias;

f) Descrever a percepção do data citizen sobre a tomada de decisão e a visualização de dados da unidade;

g) Levantar metodologias de ensino e educação corporativa possíveis para aplicação na unidade foco;

h) Identificar práticas e caminhos possíveis para a realidade corporativa de um Call Center, entrelaçando Data Science e Educação Corporativa.

1.3 Questão problematizadora

Qual a aproximação dos conteúdos produzidos na academia e meios científicos com a prática cotidiana de uma unidade de Call center? Os gestores da unidade estão preparados para uma cultura orientada à dados? Se não, como incentivar a Educação corporativa como uma prática organizacional?

2 METODOLOGIA

O delineamento escolhido refere-se à um Estudo de caso partindo do conceito detalhado por Trovao e Mussa (2006, pág. 03, apud Roesch, 1999), no qual estudo de caso é uma estratégia que busca facilitar o conhecimento, com foco na profundidade, de uma realidade ou evento e baseado em mais de uma fonte de dados.

Considerando o panorama organizacional da unidade escolhida, o grupo foco foram os coordenadores da unidade, nas áreas operacionais e administrativas, denominados aqui como *Data citizen*. Para Lima (2016), existe um equívoco durante a execução de uma pesquisa, ao tratar método quantitativo e qualitativo como estratégias opostas, considerando que ambas poderão apoiar o entendimento do fenômeno, portanto foi contemplado questões amplas que pudessem gerar visões qualitativas e quantitativas.

Foi aplicado um questionário apoiado nos princípios levantados por Chagas (2000) no qual incluem: a) garantia do anonimato para todos os respondentes; b) participação opcional; c) perguntas não estruturadas (abertas) e estruturadas (múltipla escolha, escalonada), além de perguntas de classificação e nível de concordância (escala *Likert*); d) questionário com tempo médio de resposta que chegue até cinco minutos, possibilitando conseguir adesão representativa do quadro de gestores. A ferramenta escolhida foi o envio de um *survey* (Google Formulários) individualmente para cada Coordenador (tomador de decisão).

Após coleta, os dados foram analisados via processo de *Business Intelligence*, priorizando o uso do PowerBI para facilitar leitura e análise das informações obtidas, sendo criado um dashboard simples e medidas via *ETL* que permitiram análise das respostas.

O questionário foi enviado para o público total de Coordenadores da gestão da Unidade, totalizando quatorze (14) possíveis respondentes e foi possível obter onze (11) respostas, gerando 79% de Adesão do quadro convidado,

durante o período de 7 dias no mês de janeiro de 2023. Para fins de análise, o Questionário foi dividido entre as seguintes frentes:

1) Perfil dos Participantes: Avaliação sobre o tipo de área que o participante atua, além do seu tempo de trabalho no grupo;

2) Relação com a Decisão: Avaliação sobre o processo de Tomada de Decisão e suas frequências;

3) Percepções sobre Dados e Decisões: Avaliações via escala *Likert* para identificação do grau de concordância dos participantes, em relação às afirmativas globais sobre o tema;

4) Percepções sobre Softwares e Ferramentas de Análise de Dados: Auto avaliação dos participantes sobre nível de domínio e interesse no aprendizado dos temas;

5) Espaço livre para contribuições e sugestões a respeito do Questionário.

3 RESULTADOS E DISCUSSÕES

Abaixo consta detalhamento sobre cada um dos itens delimitados na metodologia, incluindo análise descritiva e insumos retirados após coleta das respostas.

3.1 Perfil dos participantes
a. Qual a sua área de Atuação?
b. Há quanto tempo trabalha no grupo (em anos)?

Foi possível avaliar que do público respondente temos 64% com atuação Operacional, público que apresenta tempo de casa superior à média global do grupo respondente. Apenas dois participantes possuem tempo de trabalho no grupo igual a dois anos, ou seja, 82% dos participantes já trabalham no grupo há pelo menos dez anos, dados analisados conforme Figura 1.

Figura 1. Visualização via Power BI do Perfil do público respondente.

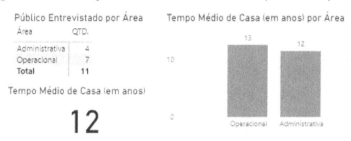

Fonte: Autor

3.2 Relação com a decisão

c. Assinale os tipos de Tomada de Decisões que você lida ou precisou lidar no último ano:

i. Mudanças de Processos / Novos Projetos / Desligamentos / Reconhecimentos / Contratações / Definição de Rotas (como fazer e o que fazer) / Outras

d. Selecione a frequência mais adequada para as opções abaixo:

i. Diariamente / Semanalmente / Quinzenalmente / Mensalmente

ii. Uso de Dados na minha rotina de trabalho / Uso de Dados para Tomada de Decisão / Tomadas de Decisão

Há unanimidade entre os gestores frente aos tipos de Decisões que foram necessárias nos últimos doze meses, com exceção de Contratações que apenas 82% dos respondentes realizaram, sendo um da área Administrativa e outro da área Operacional. Um respondente adicionou a opção OUTRAS e acrescentou como comentário a palavra "Orçamento", no contexto da unidade trata-se de um período de revisões estratégicas e tomadas de decisões, incluindo as opções disponibilizadas no questionário e expostas na Figura 2.

Figura 2. Visualização via PowerBI dos Tipos de Decisão

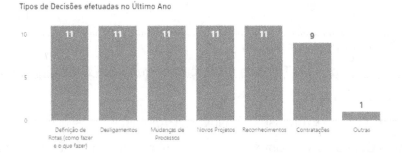

Fonte: Autor

Todos os respondentes apresentaram alto nível de envolvimento com o processo Decisório, sendo que apenas 18% realiza com periodicidade que não seja diariamente (9% toma decisões semanalmente e 9% mensalmente). Há unanimidade quanto ao uso de Dados na rotina de trabalho e para tomada de Decisão 82% utiliza dados com frequência diária, conforme exposto na Figura 3.

Figura 3. Visualização via PowerBI das Frequências

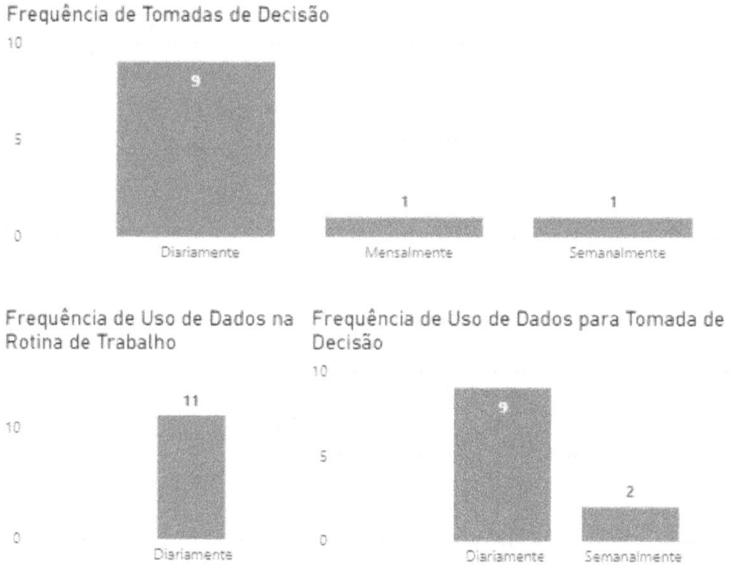

Fonte: Autor

3.3 percepções sobre dados e decisões

e. Avalie as Questões abaixo selecionando nota entre 1 e 5, no qual 1 você discorda totalmente e 5 concorda totalmente com a afirmação

Para avaliação das afirmativas foram criadas cinco categorias de resposta, variando de Discordo Totalmente para Concordo Totalmente. Para cada uma elas, foi aplicado um peso com o objetivo de analisar a Média Aritmética das respostas, possibilitando analisar o resultado global dos respondentes, conforme esquema da Tabela 1.

Tabela 1. Glossário Categorias Likert e Pesos Aplicados no Questionário

ITEM	CATEGORIA FORMS	PESO APLICADO
1	DISCORDO TOTALMENTE	-2
2	DISCORDO PARCIALMENTE	-1
3	INDIFERENTE/NEUTRO	0
4	CONCORDO PARCIALMENTE	1
5	CONCORDO TOTALMENTE	2

Fonte: Autor

Com a Média Global das repostas, foi possível classificar as questões considerando as maiores médias (maior grau de concordância) até as menores médias (menor grau de concordância), possibilitando também identificar a opção mais selecionada pelo público em cada afirmativa. As afirmativas foram divididas em sub-blocos que possibilitam analisar focos específicos que foram pesquisados, representando as seguintes frentes detalhadas na Tabela 2.

Tabela 2. Afirmativas agrupadas por Blocos de Análise

BLOCO AGRUPAMENTO	CONTEXTO	AFIRMATIVA REALIZADA
Gestão e Tomada de Decisão	Objetivo de colher a autopercepção dos respondentes sobre a importância dos dados e como sua tomada de Decisão ocorre.	Os dados são importantes no processo de tomada de decisão
		Meu processo de decisão é baseado em dados
Aprendizado e Estrutura de Acompanhamento	Objetivo de colher a autopercepção dos respondentes sobre o conhecimento sobre manuseio, manipulação e existência (ou não) de controles que propiciem a melhor tomada de decisão.	Possuo conhecimento suficiente para manusear os relatórios
		Possuo conhecimento suficiente para manipular os dados nos relatórios
		Possuo relatórios que permitem que eu acesse os dados mais importantes para minha atuação
		Possuo relatórios que permitem que eu acesse os dados mais importantes para minha tomada de decisão
		Existem dados importantes que ainda não possuo acesso para acompanhar
Cultura de Dados	Objetivo de colher a percepção dos respondentes sobre a cultura de dados na empresa e na unidade, possibilitando avaliar divergências entre ambas.	A empresa que eu trabalho está atualizada com as principais tecnologias para análise de dados
		A unidade que eu trabalho está atualizada com as principais tecnologias para análise de dados
Ferramentas para Análise de Dados	Objetivo de colher a autopercepção dos respondentes sobre o uso das principais ferramentas na unidade, comparando-as.	O powerbi facilita minha gestão de dados, comparado ao excel
		O Excel me atende melhor na gestão de dados, comparado ao powerbi

Fonte: Autor

A respeito ao tópico Gestão e Tomada de Decisão, 90,9% dos respondentes afirmam realizar um processo de decisão baseado em dados e percebem a importância em seu uso, restando apenas um respondente (da área Administrativa) discordando de ambas afirmativas, a média Global do bloco foi registrada em 1,41 representando alto

143

grau de concordância entre o grupo, conforme Tabela 3. Para fins de apresentação as categorias da Tabela 3 foram

reduzidas para três categorias, porém sua base original foi realizada originalmente com cinco categorias (modelo Escala *Likert*), podemos observar concordância acima de 90% em ambas as afirmativas.

Tabela 3. Respostas no Bloco Gestão e Tomada de Decisão

Afirmativa	Média Pontuação	Discordo	Indiferente/Neutro	Concordo
Os dados são importantes no processo de tomada de decisão	1,64	9,10%	0,00%	90,90%
Meu processo de decisão é baseado em dados	1,18	9,00%	0,00%	91,00%

Fonte: Autor

Para o tópico Aprendizado e estrutura de Acompanhamento foi obtido média consolidada de 0,96, representando alto nível de concordância nas afirmativas. Dos itens avaliados, podemos observar que no geral os respondentes se percebem aptos para utilização dos relatórios da unidade, mesmo que 36,4% ainda acredite que existem informações importantes não acompanhadas. Os dados mostram que existe uma oportunidade de educação corporativa ou incentivo de aprendizado para elevar os índices de conhecimento sobre manuseio e manipulação nos relatórios e visões. Dados expostos na Tabela 4, para fins de visualização de dados a tabela foi reduzida para três categorias, por escolha do autor, porém sua aplicação originalmente contou com cinco escalas (modelo Escala *Likert*).

Tabela 4. Respostas no Bloco Aprendizado e estrutura de Acompanhamento

Afirmativa	Média Pontuação	Discordo	Indiferente/Neutro	Concordo
Possuo relatórios que permitem que eu acesse os dados mais importantes para minha tomada de decisão	1,27	18,20%	0,00%	81,80%
Possuo conhecimento suficiente para manusear os relatórios	1,09	9,10%	0,00%	90,90%
Possuo relatórios que permitem que eu acesse os dados mais importantes para minha atuação	1,09	18,10%	0,00%	81,90%
Possuo conhecimento suficiente para manipular os dados nos relatórios	1	18,10%	0,00%	81,90%
Existem dados importantes que ainda não possuo acesso para acompanhar	0,36	36,30%	0,00%	63,70%

Fonte: Autor

No tópico Cultura de Dados foi possível obter média global de 0,05, representando grande variação entre as respostas obtidas, gerando um resultado global em Neutro/Indiferente. As respostas foram mais concentradas no item discordo parcialmente, seguida por concordo parcialmente e concordo totalmente, representando grande divergência entre os próprios respondentes, não gerando um consenso geral. É possível avaliar que o grupo percebe que a Unidade está mais adaptada, na cultura de Dados, do que o grupo consolidado. Dados expostos na Tabela 5.

Tabela 5. Respostas no Bloco Cultura de Dados

Afirmativa	Média Pontuação	Discordo Totalmente	Discordo Parcialmente	Indiferente/Neutro	Concordo Parcialmente	Concordo Totalmente
A unidade que eu trabalho está atualizada com as principais tecnologias para análise de dados	0,09	0,0%	45,4%	9,1%	36,4%	9,1%
A empresa que eu trabalho está atualizada com as principais tecnologias para análise de dados	0,00	0,0%	54,5%	0,0%	36,4%	9,1%

Fonte: Autor

No tópico Ferramentas para Análise de Dados foi avaliado a perspectiva das duas principais ferramentas de análise de dados utilizadas na unidade, sendo possível avaliar que o PowerBi facilita a gestão diária, comparado ao Excel, ferramenta que vem sendo substituída ao longo dos anos. Dados expostos na Tabela 6.

De forma consolidada foi possível obter média geral de 0,54 em todos os Blocos analisados e concluir sobre como grupo considera os dados importantes na tomada de decisão e compreende a necessidade de novas ferramentas (exemplificadas aqui pelo PowerBi) como práticas mais atualizadas para as rotinas globais e tomadas de decisão.

Tabela 6. Respostas no Bloco Ferramentas para Análise de Dados

Afirmativa	Média Pontuação	Discordo Totalmente	Discordo Parcialmente	Indiferente/ Neutro	Concordo Parcialmente	Concordo Totalmente
O powerbi facilita minha gestão de dados, comparad o ao excel	1,27	9,1%	0,0%	0,0%	36,4%	54,5%
O Excel me atende melhor na gestão de dados, comparad o ao powerbi	-0,73	18,2%	54,5%	9,1%	18,2%	0,0%

Fonte: Autor

3.4 Percepções sobre softwares e ferramentas de análise de dados

a. Assinale a alternativa mais adequada para as ferramentas / softwares / tecnologias abaixo:

i. Excel / PowerBI / MySQL / Phyton / Linguagem em R / Access / Linguagem SQL e SQL Server

b. Alternativas:

i. Não possuo conhecimento, mas gostaria de aprender.

ii. Possuo conhecimento e gostaria de aprofundar.

iii. Não possuo conhecimento e não gostaria de aprender.

iv. Possuo conhecimento e não gostaria de aprofundar mais.

De todas as respostas obtidas, frente as sete ferramentas avaliadas, foi possível identificar que 61% do público respondente não possui conhecimento, mas gostaria de aprender, sendo os maiores interesses na Linguagem *SQL* e Linguagem R (82% em cada afirmativa). Temos 22% das respostas em colaboradores que já possuem conhecimento e gostariam de aprofundar, restando 10% das respostas no público que não possui conhecimento e não possui interesse em aprender e 6% que já possui conhecimento e não tem interesse em aprofundar. Dentre as ferramentas avaliadas, o Excel é a ferramenta que o público mais possui conhecimento (91% do público), seguido pelo PowerBi (64% do público).

Tabela 7. Respostas sobre Ferramentas e Softwares para Análise de Dados

Afirmativa	EXCEL	POWERBI	MYSQL	PHYTON	LINGUAGEM EM R	ACCESS	LINGUAGEM SQL / SQL SERVER
Não possuo conhecimento, mas gostaria de aprender.	9%	36%	73%	73%	82%	73%	82%
Possuo conhecimento e gostaria de aprofundar.	82%	55%	0%	0%	9%	9%	0%
Não possuo conhecimento e não gostaria de aprender.	0%	0%	18%	18%	9%	18%	9%
Possuo conhecimento e não gostaria de aprofundar mais.	9%	9%	9%	9%	0%	0%	9%

Fonte: Autor

De forma consolidada há bastante coesão no grupo para abertura ao aprendizado, registrando um grupo com baixo conhecimento, mas com interesse em aprender. A área Administrativa representa 100% das respostas na afirmativa "Possuo conhecimento e não gostaria de aprofundar mais" e 75% das respostas na afirmativa "Não possuo conhecimento e não gostaria de aprender", portanto é perceptível que a Área Operacional está menos capacitada, porém mais aberta para o aprendizado.

3.5 Espaço livre
f. Caso tenha alguma observação, comentário ou sugestão

Ao todo foram recebidos oito comentários no final do questionário, contendo alguns detalhes e especificidades internos, além do reconhecimento dos participantes da importância dos dados na tomada de decisão.

Tabela 8. Respostas e Comentários finais recebidos no Formulário

Comentário recebido	Análise Qualitativa
Agradeço o espaço e acredito ser importante toda a supervisão	Supervisão se trata de um cargo hierarquicamente ligado à coordenação e que não foi o foco inicial do presente estudo.
Aguardo novidades.	-
Amei o questionário pensei até que era pro MISI	MIS se trata de uma área interna que também atua com análise de Dados.
O time de planejamento tem sido muito parceiro na minha área, contribuindo com muitas tomadas de decisões!	Time de Planejamento se trata de uma área interna que também atua com análise de Dados.
Os dados devem ser confiáveis para nos ajudar nas tomadas de decisões	-
Os dados são fundamentais para que as tomadas de decisão sejam rápidas e assertivas.	-
Parabéns por essa iniciativa, vamos juntos construir uma melhor rota sempre na gestão de dados, tudo isso será um facilitador em vários processos globais.	-

Fonte: Autor

O presente capítulo considerou os Coordenadores da Unidade, que participaram e registraram suas percepções sobre dados e o processo de Tomada de Decisão, como uma possibilidade de aplicação do conceito de Data Citizen, unificando conhecimentos provenientes à área de Negócio e também conhecimentos técnicos relacionados ao Data Science. A área Operacional, em destaque, apresentou abertura e interesse para aprender mais sobre a análise de Dados e suas visualizações, incluindo ferramentas e softwares que foram citados.

Portanto este capítulo parte da leitura que esse aprendizado conseguirá evoluir a lacuna de informações importantes ainda não acompanhadas (34,6% dos respondentes registram sobre informações necessárias à serem acompanhadas), sendo possível com a aplicação de capacitação para os softwares e linguagens relacionadas ao *Data Science* (61% do grupo respondente registra interesse e abertura para aprender), conforme apresentado nas Tabelas 4 e 7. Para aplicação final do conceito de *Data Citizen* o trabalho propõe aplicação e direcionamento, via educação corporativa, de técnicas, conteúdos e teorias que possam evoluir o conhecimento técnico do grupo nos assuntos aqui citados.

A educação corporativa não é uma prática incomum no mercado, considerando as adaptações necessárias para atender à volatilidade financeira, além das mudanças tecnológicas advindas do *Big Data*. Para Albuquerque (2017) as organizações funcionam como propulsoras do progresso por meio da inovação e a gestão estratégica, atendendo ao impacto transformacional da era globalizada e se adaptando em um modelo em que a cultura de aprendizado contínuo se torna cada vez mais necessária. Seu trabalho apresenta sistematização da perspectiva do estudo da implementação de um sistema de Educação Corporativa no Banco do Nordeste do Brasil (BNB) e como as adaptações educacionais puderam apoiar o desenvolvimento de competências técnicas, além do impacto no resultado. Para a autora o investimento em educação é completamente factível, além de resgatar que o capital intelectual da empresa, lido como a soma do capital humano, estrutural e relacionado, caminha junto com o conhecimento organizacional e é um elemento de sobrevivência das organizações.

Nesse sentido, torna-se necessário para as organizações um foco contínuo de capacitação dos colaboradores, além das práticas formais de educação individuais, como parte constituinte da cultura organização. A literatura presente já fornece alguns cases de sucesso de aprendizado dentro da jornada de trabalho, tal como apresentado por Trombetta (2009). A autora, além de realizar um panorama geral sobre educação de adultos, analisa os resultados afetivos obtidos em grupo de executivos-estudantes que incorporaram atividades educacionais corporativas *online*, dentro da jornada de trabalho; seus estudos permitiram avaliar um aumento no nível de segurança no desempenho profissional dos participantes, construção de disciplinas para auto aprendizado, além de satisfação individual (Trombetta, 2009, pág. 137), o que corrobora com a hipótese que a proposta de capacitação pode gerar ganhos secundários não elencados aqui, como objetivo principal.

A literatura oferece exemplos direcionados à realidade do *Call Center* a respeito de educação corporativa, mas não aplicado direcionado para o *Data Science*, portanto o presente trabalho registra, também, um preenchimento de uma lacuna que atualmente não foi explorada. O case citado refere-se ao trabalho de Piccoli (2003), que realizou um estudo de caso sobre o impacto de uma universidade corporativa em um *Call center,* no ramo de Serviços, sustentando resultados sobre o impacto positivo na produtividade com os investimentos internos em educação. Com uma pesquisa exploratória-descritiva, o autor analisou a produtividade da unidade comparando os resultados entre os colaboradores-alunos e colaboradores que não participam da Universidade Corporativa, conseguindo comprovar incremento nos índices produtivos, aumento da visibilidade, redução de ausências e redução do índice de rotatividade (*Turn Over*). A mecânica abordada concentrou esforços no planejamento de capacitação, criação de parceria com instituição de ensino, além de investimento parcial por parte da empresa nos valores de

formação dos alunos, porém sua conclusão garantiu atingimento da maior parte dos objetivos traçados e conseguiram reforçar como a educação corporativa é uma aliada na busca e no alcance dos resultados esperados pela Empresa, ao mesmo tempo que contribui com a sociedade e reverte a lógica predominante de recrutamento (Piccoli, 2003, pág. 119).

Em um estudo apresentado por Reis (2019) temos outro exemplo de uma aplicação em uma área que direcionou esforços para a capacitação, com um recorte específico para a Biblioteconomia, atuando diretamente com conteúdo de *Data Science*. O autor possui um foco exclusivo no desenvolvimento de habilidades para gerenciamento de dados, utilizando o termo de alfabetização de dados. Seu trabalho contextualiza historicamente os paradigmas relacionados à dados, no que denomina como e-Science, reconhecendo a necessidade da Biblioteconomia se adaptar e atender às mudanças advindas dos processos de *Big Data*, traçando uma interdisciplinaridade entre a Ciência da Informação e a Ciência de Dados. O autor aplicou uma oficina de capacitação na Biblioteca Central da Universidade Estadual de Feira de Santana (UEFS) e apresenta, como resultado de sua pesquisa, um guia elaborado para capacitação do

grupo, constituindo um dos poucos materiais disponíveis *online* com insumos de capacitação para colaboradores. Alguns insights podem ser extraídos pautados nesse trabalho, no qual se destaca: a) A necessidade emergente de capacitar profissionais que já atuam nas áreas, inclusive para admissões longas, em uma busca por atualização dos conceitos tecnológicos; b) A importância de uma governança de dados, seus tipos e a interseção de mais de uma área de saber; c) A importância de materiais visuais, didáticos, atualizados, que possam fomentar capacitações de novos grupos nas instituições.

Não foi objetivo do trabalho delimitar as regras de capacitação para o público de *Data* Citizen da unidade de *Call Center,* mas orienta-se um trabalho multidisciplinar entre os setores da organização, para atender aos pilares corporativos e corroborar com o atingimento das metas alcançadas. A interseção entre Metas e educação corporativa foi discutida também no trabalho de Piccoli (2005), que enfatiza a necessidade da própria unidade de capacitação ser um pilar possível de receita, acompanhamento e aplicação de desafios.

A área da Educação também registra iniciativas pautadas em dados e um dos trabalhos que geram um

enfoque orientador foi proposto por Filatro e Cavalcanti (2023), que discutem e apresentam possibilidades metodológicas criativas, ágeis, imersivas e analíticas, com criação de blocos orientados para cada um dos pilares. No bloco de metodologias analíticas as autoras exploram técnicas possíveis de serem usadas em grupo, incluindo técnicas de visualização de dados e informações, nos quais poderão ser utilizadas como embasamento para capacitação.

Além destes exemplos, as avaliações bibliográficas apresentam a Educação corporativa direcionada à competências e conhecimentos individuais, mas não há grande discussão acadêmica sobre a Educação Corporativa em *Data Science*, como resposta a evoluir os perfis de *Data Citizen* nos modelos de negócio. Portanto, os resultados permitem avaliar que existe uma necessidade específica de capacitação técnica direcionada para a análise de dados, reforçando o argumento central de Beltrão (2021), no qual podemos unir a área Operacional (área de negócios) com os parâmetros de análise de Dados (lida geralmente como área de TI, mas no contexto da Unidade se apresenta como Planejamento e MIS), tal junção permitirá a criação sugerida e aplicada como *Data Citizen*.

A interseção entre dados e decisão também é um pilar importante de análise, para um grupo registra unanimidade quanto ao uso de Dados na rotina de trabalho, além de ter a maioria (82%) com processo de decisão interligado à dados, conforme exposto na Figura 3. Para Zaroni (2019), existe uma necessidade em interligar os conceitos dos sistemas de *Business Intelligence* (BI) e *Data*

Science, visto que a literatura não agrega aos conceitos de forma concomitante, portanto propôs um modelo de conexão entre as abordagens, sendo que ambas atuam diretamente no processo decisório, atuando diretamente em uma Instituição Federal de Ensino Superior (IFES), tratando os conceitos de Modelagem, com entrega final para o setor Financeiro. Vale ressaltar que, para o autor, apenas a retirada das informações pelo Sistema de Informação (SI) é uma etapa que se mostra burocrática para os gestores, mas seu resultado final possui aplicabilidade para todo corpo da área.

O presente trabalho se mostrou como uma porta de abertura para análise e sugestão para criação de um possível plano de educação corporativa, pautado nos princípios do *Business Intelligence* e *Data visualization,* mas principalmente por uma vontade expressada pelos pesquisados, que já atuam na modalidade de negócio e percebem sua lacuna de aprendizado, gerando novos possíveis caminhos a partir dessa abertura, pautado pelos princípios da heutagogia no qual consideramos a grande disponibilização de conteúdo na internet e outros meios, além da necessidade dos próprios indivíduos terem autonomia para avaliar como e o que querem aprender (Filatro e Cavalcanti, 2023).

5 CONSIDERAÇÕES FINAIS

Com base nas percepções colhidas, foi possível concluir que a unidade ainda possui um desafio para evoluir o conhecimento das áreas tomadoras de decisões, permitindo evolução de todo o ecossistema do grupo, partindo do entendimento sobre a importância de não utilizar somente dados de relatórios prontos, mas também da crítica, geração e conhecimento de sua construção.

O público pesquisado apresenta abertura ao aprendizado, portanto cabe à empresa, ao menos, duas possibilidades de evolução que indico aqui: o incentivo pelo auto aprendizado e a educação corporativa. O auto aprendizado se mostra uma indicação aceitável considerando o padrão da limitação do tempo de jornada de

trabalho, porém depende exclusivamente do profissional para dedicação de tempo, custo e conclusão. A educação corporativa se apresenta como uma rota de dedicação de tempo mínimo semanal, na jornada de trabalho, permitindo que a empresa construa os conteúdos mediante ao perfil do público desejado. A literatura corrobora com essa visão ao sugerir, inclusive, metodologias orientadas, conteúdos gratuitos, mas não se limitando a eles.

O trabalho teve seu foco nas principais ferramentas utilizadas na unidade, mas existem outros sistemas de informação que podem ser aplicados, mediante à diretriz interna. Para cada ferramenta, caberá ao programa de desenvolvimento aqui sugerido abordar seu potencial, gerando aproximação dos conteúdos científicos e tecnológicos de *Data Science* e *Business Intelligence*, além de narrativas criativas via *Data Visualization*.

A bibliografia analisada gerou o *insight* para criação de um plano de capacitação macro, que após ser aprovado, poderia compor o quadro de desenvolvimento interno. Tal iniciativa, poderá apoiar a unidade a conseguir uma evolução em seu nível técnico na qual trabalha atualmente, direcionado aos negócios, mas importante que o grupo todo consiga unificar também a condução de dados como
estratégica corporativa, considerando que toda a transação do cliente fomenta características de uma modalidade de *big data*.

Faltam trabalhos sistematizados sobre educação corporativa em *Data Science*, portanto as propostas trazidas aqui constituem uma adaptação e leitura de outras áreas de aplicação. Não existem aplicações atualizadas sobre *Data Science* para *Call Center*, mesmo que o mercado ainda opte por essa modalidade como porta de atendimento ao cliente, independente do canal. Tal lacuna poderia ser preenchida a partir da intersecção de conceitos da andragogia, heutagogia, educação gameficada e *Data*

Science, descentralizando nas modalidades dentro das áreas de Tecnologia e permitindo, para a área de Negócios, maior autonomia e conhecimento, além de incentivar o aprendizado contínuo.

6 REFERÊNCIAS

Albuquerque, Jacqueline Rios Fonteles. Educação Corporativa como Estratégia para o Desenvolvimento Organizacional. 2017. 154 f. Dissertação (Mestrado em Administração de Empresas) – Programa de Pós-Graduação em Administração de Empresas (PPGA), Universidade de Fortaleza (UNIFOR), Fortaleza, 2017. Disponível em < https://uol.unifor.br/oul/ObraBdtdSiteTrazer.do?method=trazer&ns=true&obraCodigo=101838>. Acesso em: 10 de abril de 2023.

Beltrão, Victor de Cerjat. Proposta de novo perfil de cientista de dados citizen baseado nos conceitos da gestão da informação. 2021. Trabalho de Conclusão de Curso de Especialização (Ciência d; e Dados e suas Aplicações) - Universidade Tecnológica Federal do Paraná, Curitiba, 2021. Disponível em <http://repositorio.utfpr.edu.br/jspui/handle/1/28049>. Acesso em: 28 de setembro de 2022.

Chagas, Anivaldo Tadeu Roston. O Questionário na Pesquisa Científica. Fundação Escola de Comércio Álvares Penteado-FECAP, v. 01, nº 01, 2000.

Filatro, Andrea; CAVALCANTI, Carolina Costa. Metodologias inovativas: na educação presencial, a distância e corporativa. 2. ed. rev., atual São Paulo: Saraiva Uni, 2023. *E-book*. Disponível em: <https://integrada.minhabiblioteca.com.br/books/9786587958033>. Acesso em: 9 de abril de 2023.

Fischer, Felipe Eduardo. Gestão de dados de clientes como ferramenta estratégica empresarial. 2018. 40 f. Trabalho de Conclusão de Curso de (Especialização em Gestão Empresarial) - Universidade Tecnológica Federal do Paraná, Curitiba, 2018. Disponível em <http://repositorio.utfpr.edu.br/jspui/handle/1/19522>. Acesso em 29 de Setembro de 2022.

Lima, Márcia. Introdução aos métodos quantitativos em Ciências Sociais. Métodos de pesquisa em Ciências Sociais: Bloco Quantitativo. São Paulo: Sesc São Paulo/CEBRAP, 2016. P.10-31.

Piccoli, Gualtiero Schlichting. A educação corporativa em uma empresa de serviços estudo de caso: impacto de uma universidade corporativa em uma central de atendimento a clientes - call center. 2005. Dissertação (mestrado) - Universidade Federal de Santa Catarina, Centro Tecnológico. Programa de Pós-Graduação em Engenharia de Produção. Santa Catarina, 2005. Disponível em <https://repositorio.ufsc.br/handle/123456789/102268>. Acesso em: 14 de abril de 2023.

Reis, Makson de Jesus. Ciência de dados e ciência da informação: guia para alfabetização de dados para bibliotecários. 2019. 142 f. Dissertação (Mestrado Profissional em Gestão da Informação e do Conhecimento) - Universidade Federal de Sergipe, São Cristóvão, SE, 2019. Disponível em <https://ri.ufs.br/jspui/handle/riufs/12667>. Acesso em: 15 de abril de 2023.

Raymann, Marina Selzer. Proposta de implicações práticas do uso de iniciativas de business intelligence no design de sistemas de medição de desempenho. 2019. Trabalho de Conclusão de Curso (Bacharelado em Engenharia de Produção) - Universidade Tecnológica Federal do Paraná.
Ponta Grossa, 2019. Disponível em <http://repositorio.utfpr.edu.br/jspui/handle/1/25371>. Acesso em: 28 de setembro de 2022.

Souza Junior, Antonio Garcia de. A percepção dos usuários quanto ao uso da inteligência de negócios no processo decisório - estudo de caso na receita estadual do Paraná. 2014. 108 f. Trabalho de Conclusão de Curso (Especialização em Gestão de Tecnologia da Informação e Comunicação) - Universidade Tecnológica Federal do Paraná, Curitiba, 2014. Disponível em <http://repositorio.utfpr.edu.br/jspui/handle/1/19426>. Acesso em: 29 de setembro de 2022.

Torini, Danilo. Questionários on-line. Métodos de pesquisa em Ciências Sociais: Bloco Quantitativo. São Paulo: Sesc São Paulo/CEBRAP, 2016. P.52-75.

Trombetta, Maria Rosa. Conflito estudo versus trabalho: um estudo de caso sobre educação corporativa online. 2009. Dissertação (Mestrado em Controladoria e Contabilidade: Contabilidade) - Faculdade de Economia, Administração e Contabilidade, Universidade de São Paulo, São Paulo, 2009. Disponível em <https://teses.usp.br/teses/disponiveis/12/12136/tde-11092009-112757/pt-br.php>. Acesso em: 15 de abril de 2023.

Trovao, Ricardo; MUSSA, Adriano. Técnicas da administração científica: um estudo de caso em uma empresa do setor de call center. XIII SIMPEP - Bauru, SP, Brasil, 06 a 08 de novembro de 2006. Disponível em <https://simpep.feb.unesp.br/anais/anais_13/artigos/701.pdf>. Acesso em: 30 de setembro de 2022.

Zaroni, Hebert Wesley Pereira. Proposta de um modelo de business intelligence para o apoio à decisão através da perspectiva da Data Science. 2019. 93 f. Dissertação (Mestrado em Engenharia de Produção) – Universidade Federal de Itajubá, Itajubá, 2019. Disponível em <https://repositorio.unifei.edu.br/jspui/handle/123456789/1988>. Acesso em: 15 de abril de 2023.

Vasconcelos, Jaqueline; Silva, Tiago Barros Pontes e; "Explorando a visualização de informações: da base elaborativa à construção narrativa da representação visual", p. 66-74. In: Anais do 9º CIDI | Congresso Internacional de Design da Informação, edição 2019 e do 9º CONGIC | Congresso Nacional de Iniciação Científica em Design da Informação. São Paulo: Blucher, 2019. Disponível em <https://www.proceedings.blucher.com.br/article-details/explorando-a-visualizao-de-informaes-da-base-elaborativa-construo-narrativa-da-representao-visual-33604>. Acesso em: 28 de setembro de 2022.

CAPÍTULO 5 | O PODER TRANSFORMADOR DOS *LARGE LANGUAGE MODELS* NO CAMPO DE APLICAÇÕES DE PERGUNTAS E RESPOSTAS EM DOCUMENTOS

Gustavo Cavalcante Dorner
Jorge Costa Silva Filho

RESUMO

O objetivo deste capítulo é explorar as capacidades de modelos de linguagem avançados (LLMs), como Meta, OpenAI API, *Langchain e LlamaIndex*, na criação de sistemas para extração de informações de documentos em formatos diversos, por meio de um Chatbot. O contexto envolve o crescente uso de LLMs para facilitar o acesso a grandes volumes de dados, promovendo interações mais eficientes e precisas. A questão problematizadora é: como esses modelos podem melhorar a conversão de consultas em linguagem natural em respostas assertivas e detalhadas? A justificativa está na necessidade de desenvolver um *Chatbot* que ofereça respostas elaboradas e precisas de maneira intuitiva, acelerando o acesso a dados complexos. A metodologia incluiu testes com vários modelos de LLMs, comparando OpenAI e Meta, com foco em qualidade de resposta e tempo de processamento. O referencial teórico abrange processamento de linguagem natural e inteligência artificial aplicada à extração de informações. Os resultados indicam que os modelos Meta, como *llama*-v2-7b e 13b, mostraram maior assertividade e detalhamento nas respostas, superando os modelos da OpenAI. Nas considerações finais, conclui-se que o Chatbot desenvolvido pode ser integrado a diversas bibliotecas de documentos, proporcionando acesso rápido e eficiente a grandes bases de dados.

Palavras-chave: LANGCHAIN. LLAMAINDEX; LARGE LANGUAGE MODELS. EXTRAÇÃO DE INFORMAÇÕES. CHATBOT. DOCUMENTOS. PROCESSAMENTO DE LINGUAGEM NATURAL.

1 INTRODUÇÃO

A capacidade de compreender e interagir com dados textuais, tem sido um dos desafios mais prementes na pesquisa em processamento de linguagem natural (NLP) e recuperação de informações. Muita pesquisa tem sido feita dentro desse tópico, e atualmente essa tecnologia está mais difundida dentro do meio academio, assim como mais acessíveis, e o grande contribuidor para isso, é o ChatGPT, que atualmente é acesso por mais de 100 milhões de usuários ativos (Brandl, 2023). ChatGPT é uma aplicação de processamento de linguagem natural capaz que está revolucionando o mercado de processamento de linguagem natural, e para que isso tenha sido possível, foi implementando um novo conceito de modelos de inteligência artificial, conhecidos como *large languague models* (LLMs).

Os *large languague models* são avanços recentes em modelos de Deep Learning, sendo um tipo de modelo de aprendizado de máquina que pode executar uma variedade de tarefas no campo de processamento de linguagem natural (NLP), como gerar e classificar texto, responder a perguntas de forma conversacional e traduzir texto de um idioma para outro. O rótulo "*Large*" refere-se ao número de valores (parâmetros) que o modelo de linguagem pode alterar de forma autônoma à medida que aprende, assim como a quantidade de dados que ele foi exposto, durante a fase de treinamento. Alguns dos *large languague models* mais bem-sucedidos têm centenas de bilhões de parâmetros (Rouse, 2023).

Os *large languague models* são projetados para prever prováveis resultados de linguagem em resposta a solicitações específicas, como prever a palavra mais provável após uma sequência de palavras ou gerar frases ou parágrafos como respostas plausíveis a uma determinada solicitação textual. Por exemplo, um *large languague models* pode gerar "cães" em resposta à solicitação "está chovendo gatos e". Os *large languague models* consistem em redes neurais treinadas em extensos corpora de texto para identificar prováveis padrões de palavras e idiomas, que são então armazenados como pesos dentro da rede neural (Brown et al.,2020; Vaswani et al.,2017).

Esses modelos têm se mostrado proficientes em uma variedade de tarefas, desde a tradução de idiomas até a geração de texto coeso e a resposta a perguntas em linguagem natural. Como resultado, eles se tornaram os catalisadores de uma revolução silenciosa, mas poderosa, no campo da inteligência artificial, sendo de grande valia para aplicações Text-to-SQL e Documentos Q&A.

Dentro da do campo da inteligência artificial, o aprendizado de máquina e o processamento de linguagem natural estão avançando rapidamente em diversas áreas de negócios, gerando um impacto significativo em uma ampla gama de setores e suas respectivas e possíveis aplicações (Wamba et al., 2021). Um grande exemple disso, são os Chatbot, definidos como programas de computador projetados para terem o mesmo comportamento, como se fosse uma conversação humana, mostrando ser um exemplo de usos práticos dessas tecnologias voltadas para processamento de linguagem natural (Adamopoulou & Moussiades, 2020a).

Tendo como foco esse campo de aplicações em inteligência artificial, será explorado nesse trabalho, o impacto transformador dos *large languague models* em um dos campos bem interessante de inteligência artificial. Uma solução aplicável a inúmeros campos, tais como no meio academio, empresarial ou pessoal. Aplicações de pergunta e resposta (Q&A) utilizando documentos, mais conhecidas como aplicações de Documentos Q&A, tem se destacado ultimamente devido à sua facilidade no desenvolvimento, a
qualidade do que está gerado, assim como a assertividade de conteúdo ou criatividade do conteúdo gerado, tanto que essas inovações estão redefinindo os limites da

compreensão automática da linguagem natural e da interação homem-máquina.

Antes da era dos *large languague models*, as abordagens de Documentos Q&A dependiam em grande parte de métodos de correspondência de palavras-chave ou de técnicas de recuperação de informação. No entanto, com a chegada dos *large languague models*, as perguntas complexas em linguagem natural podem ser respondidas diretamente, a partir de documentos sem a necessidade de modelos intermediários complexos (Heyer, 2023). Iremos analisar como esses modelos estão sendo aplicados e com sucesso, em aplicações de Documentos Q&A, proporcionando ganhos significativos em termos de eficiência e precisão. Entenderemos como os *large languague models* estão transformando as aplicações de Documentos Q&A, permitindo a extração eficiente de informações específicas de documentos extensos *large languague models* em aplicações de Documentos Q&A. Ao fazê-lo, esperamos iluminar as oportunidades e os desafios dessa revolução e lançar luz sobre o futuro empolgante dessas tecnologias em constante evolução.

1.1 Objetivo Geral

O objetivo geral deste capítulo é desenvolver e explorar a eficácia de sistemas baseados em modelos de linguagem avançados (LLMs) para a extração de informações de documentos em formatos variados, criando um Chatbot que facilite a interação em linguagem natural e ofereça respostas assertivas e detalhadas, aprimorando o acesso rápido a grandes volumes de dados.

1.2 Objetivo específico

i) Explorar as capacidades de modelos de linguagem avançados

j) Compreender os impactos dos *large languague models* em aplicações de Documentos Q&A;

1.3 Questão problematizadora

Norteia esta pesquisa a seguinte questão: como esses modelos LLM podem melhorar a conversão de consultas em linguagem natural em respostas assertivas e detalhadas?

2 METODOLOGIA

Nesta seção, descreveremos detalhadamente os materiais e métodos empregados no desenvolvimento da pesquisa com o objetivo de alcançar os resultados propostos. A pesquisa abrangeu uma série de tecnologias e ferramentas essenciais no desenvolvimento deste Chatbot para Perguntas e Respostas (Q&A) conectado a uma biblioteca de documentos, provenientes de qualquer natureza.

Para tais fins, foram empregadas uma série de recentes tecnologias disponíveis, focando em criar uma plataforma de interação avançada e eficiente. Isso incluiu a integração da biblioteca Streamlit para a interface do usuário, a utilização da API fornecida pela OpenAI, com o objetivo de criar os *text embedding*, sendo que em NLP (Processamento de linguagem natural), *embedding* é o processo de representação de palavras ou frases em um espaço vetorial numérico de alta dimensão (Hanane, 2023).

Para o desenvolvimento ser de forma simples e eficiente, foi utilizado o framework de dados *LlamaIndex* devido a sua notável aplicação ao facilitar a construção aplicativos baseados em *large languague models*, fornecendo ferramentas essenciais que facilitam a ingestão, estruturação, recuperação e integração de dados com várias estruturas de aplicativos. Os benefícios aqui adquiridos foram a facilidade em ingestão de dados de diferentes fontes e formatos, assim como, as operações de alteração em base de dados, tais como inserir, excluir e atualizar um documento. Outro benefício é advindo de sua compatibilidade de integração com outras ferramentas de inteligência artificial e *large languague models*, tais como OpenAI, HuggingFace e LangChain, portanto proporcionando um desenvolvimento mais simples, fluido e limpo (Yang, 2023).

Durante a fase de desenvolvimento, foram utilizados diferentes *large languague models* com o objetivo de obter no final, um modelo que esteja de acordo com o problema proposto, e assim como a resposta esperada. Para tal teste, foram utilizados modelos como gpt-3.5-turbo e gpt-4, ambos fornecidos pela OpenAI, assim como os open-source *large languague models* Llama v2 Chat – 7b & 13b, desenvolvidos pela Meta. Para serem acessados, foi utilizado uma conexão API disponibilizado pelo serviço online, chamado Replicate, permitindo de forma simples, conectar a aplicação com o modelo LLM e utilizando o para tarefas de inferências. Replicate, como já mencionado previamente, é um serviço online de hospedagem de *large languague models* no qual, possui uma grande gama de modelos prontos para serem utilizados em aplicações LLM.

Em relação aos dados utilizados para o desenvolvimento, foi utilizado a biblioteca de documentação do Streamlit, uma ferramenta para desenvolvimento de interface gráfica para aplicações web. Esses dados são de conhecimento público, disponibilizados dentro do seu respectivo repositório, no GitHub. Dentro dessa documentação é possível realizar consultas de todos os níveis de complexidade, tais como uma simples instalação assim como funções avançadas para criação de métricas a serem utilizadas, ou questões de segurança, explicando como compartilhar relatórios com específicos usuários e limitar os dados de acordo com localização, perfil do empregado, área de atuação e outras possíveis combinações.

2.1 Descrição do Problema

Como antes mencionado, um dos objetivos desse estudo é ter de forma ágil e prática, adquirir o acesso a uma certa gama de documentos, uma biblioteca de documentos,
na qual podem conter interessantes informações sobre processos, desenvolvimentos concluídos e assim como, soluções utilizadas diante de certas situações.

Como toda nova tecnologia, foram levantadas inúmeras críticas de forma bem significativas aos papéis dos *large language models*, tais como preocupações sobre parcialidade e imparcialidade, desinformação, opacidade devido à falta de interpretabilidade e explicabilidade e impacto ambiental (Bender et al.,2021; Gebru et al.,2021; Strubell et al.,2019).

Com isso, o problema proposto aqui está focado no desenvolvimento de uma solução de processamento de linguagem natural, conectado com um *large language models*, resultando em um Chatbot focado no contexto de interação com uma base de conhecimentos, derivada de documentos de qualquer tipo e fonte, uma biblioteca de documentos, sendo capaz de executar esse processo, fornecendo respostas fundamentadas, assertivas e de boa interpretabilidade.

2.2 Critérios

Inicialmente, quatro critérios foram definidos: tempo de resposta do modelo, custo por interação e assertividade do modelo. Após análise dos dados conforme descrito, identificou-se um quinto critério: capacidade de atendimento (capacidade).

1. Tempo: o tempo gasto para obter uma resposta à pergunta feita.

2. Assertividade: tendo com base a reposta presente na documentação, verificar o tão próximo a resposta gerada estaria da descrição apresentada na documentação, que utilizada como base de conhecimento Chatbot.

3 RESULTADOS E DISCUSSÕES

O processo de tomada de decisão consiste em avaliar diversas alternativas a fim de selecionar a melhor opção possível. Para que seja efetiva, é crucial ter informações corretas e precisas. Entretanto, a tomada de decisão é um processo cognitivo complexo e fazer decisões se torna mais difícil quando há incerteza (Davis, 1997). Incertezas podem aparecer em algumas formas, como, por exemplo, a dificuldade de comparar e quantificar opções, ou a capacidade de observar uma quantidade significativa de opções e critérios relevantes para a decisão.

Os *large language models* (LLMs) revolucionaram o campo do processamento de linguagem natural (NLP) ao liberar o potencial das máquinas para não apenas entender, mas também gerar linguagem semelhante à humana. Um exemplo notável disso são os modelos da OpenAI, Meta e Google, que podem gerar um texto convincente que será difícil de distinguir, do conteúdo escrito por humanos. Os *large language models* são treinados em uma vasta quantidade de dados de diversas fontes, o que lhes permite aprender as nuances da linguagem e como ela é usada em vários contextos. Além disso, esses modelos podem ser ajustados para se adaptarem a tarefas específicas de NLP, como tradução de idiomas, resumo ou análise de sentimentos. No entanto, o treinamento desses modelos apresenta desafios, desde a enorme quantidade de recursos de computação necessários até as questões éticas relacionadas ao conteúdo usado para treinamento.

Diante desse problema apresentado, para a utilização efetiva e de forma inteligente, foi preciso fazer uma avaliação de custo e eficiência dos modelos utilizados. O preço de utilização dos modelos LLM da OpenAI são baseados em 1000 tokens, sendo que os tokens são unidades básicas de texto ou código que os LLMs usam para processar e gerar linguagem. Podem ser caracteres individuais, partes de palavras, palavras ou partes de frases. A esses tokens são atribuídos números que, por sua vez, são colocados em um vetor que se torna a entrada real para a primeira rede neural do LLM (Witt, 2023). Para modelos open-source, caso não tenha poder computacional disponível, é possível alugar esse serviço que é oferecido por Google, Amazon, Microsoft e outros serviços de hospedagem na nuvem. Para facilitar o desenvolvimento, foi utilizado um serviço que já possui esses modelos hospedados e o pagamento é feito de acordo com a utilização. Esse serviço chama-se Replicate, e de acordo com a parte de preços disponível em seu website, o custo de inferência dos modelos Llama v2 Chat, está cerca de $0.000725 por segundo para um computador com Nvidia A40, 10x CPU, 48GB GPU RAM e 72GB *Memory* RAM (Replicate, 2023).

Figura 1. Diagrama do workflow do Chatbot

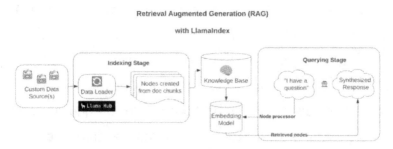

Fonte: Frasca, Muir, Ding (2023)

O processo de interação pergunta-resposta, implementado no contexto do Chatbot (Figura 1), é iniciado mediante a conexão das fontes de conhecimento privadas através do framework LlamaIndex. Este procedimento engloba a ingestão de dados, seguida pela indexação destes em representações intermediárias otimizadas para *large language models*. Dentre suas capacidades, o

LlamaIndex habilita a realização de consultas em linguagem natural e a interação com os dados por meio de diversos mecanismos, incluindo interfaces de chat e agentes de dados alimentados por tecnologia LLM.

Após a ingestão e armazenamento dos dados, o LlamaIndex oferece as necessárias ferramentas para a configuração de um mecanismo avançado de consulta, através de *indexes*. A elaboração deste mecanismo de consulta através de index, viabiliza a criação efetiva de consulta em uma base de dados, permitindo ser ativada através de uma interface que receberá solicitações de entrada de texto e, subsequentemente, gerar respostas enriquecidas, a partir do vasto conjunto de conhecimento disponível.

Para efetuar essa busca nos indexes de forma efetiva, foi implementando um processo de embeddings, que são representações vetoriais de informações textuais,
tais como palavras, frases ou documentos, geradas por meio da utilização de modelos de LLM desenvolvidos pela OpenAI, exemplificados pelo GPT-3.5, que é o fundamento deste assistente. Essas representações vetoriais funcionam como uma técnica de codificação, permitindo a expressão de dados semânticos relacionados ao texto de maneira apropriada em espaços multidimensionais. Em termos conceituais, os embeddings da OpenAI

possibilitaram o mapeamento de unidades textuais, sejam elas palavras, frases ou documentos, em vetores numéricos situados em um espaço de alta dimensionalidade. A proximidade entre esses vetores reflete, de maneira substancial, a afinidade semântica entre os itens mapeados, tornando o mais fácil o processo de recuperação de Informação, no qual seria a busca por documentos pertinentes, com base na similaridade semântica entre as consultas dos usuários e o conteúdo textual dos documentos.

Após a obtenção dos dados correspondentes à solicitação, isto é, textos que apresentam elevada semelhança com a requisição feita, esses dados servem como entrada para o modelo LLM. Como resultado, a saída consiste em um texto gerado pela inteligência artificial, utilizando como base o conhecimento armazenado. Esse
processo não apenas melhora a qualidade do texto final, mas também facilita uma interação eficaz entre seres humanos e inteligência artificial.

Para validar qual modelo seria o mais indicado a ser utilizado na versão final da solução, foram validados os critérios estabelecidos previamente apresentados nesse trabalho, como tempo de resposta, custo por interação e por último, a assertividade da resposta perante a pergunta feita. Para tal tarefa, foram criadas cluster com 5 perguntas, sendo elas do nível básico, médio e avançado. As perguntas básicas são aquelas que possuem uma resposta simples e de fácil localização na documentação, como por exemplo, o que é Streamlit ou então, como criar um aplicativo. As perguntas de nível médio foram extraídas de tópicos conectados com publicação de aplicativo, compartilhamento e API. No último grupo são as perguntas mais complexas, relacionadas as funcionalidades avançadas, tais como session state, conectando com banco de dados, e gerenciamento de configurações.

Dessa forma, após a fase de testes para obtenção de resultados afins de validar qual o melhor modelo a ser utilizado, como solução para o problema proposto, obteve-se as seguintes informações:

Tabela 1. Assertividade

	Grupo Fácil	Grupo Médio	Grupo Avançado	Total
OpenAI - gpt-3.5-turbo	4	3	4	11
OpenAI - gpt-4	2	2	2	6
HF - Llama-v2-chat-7b	3	4	3	10
HF - Llama-v2-chat-13b	1	1	1	3

Fonte: Autor

Tabela 2. Tempo

	Grupo Fácil	Grupo Médio	Grupo Avançado	Total
OpenAI - gpt-3.5-turbo	1	1	1	3
OpenAI - gpt-4	2	2	2	6
HF - Llama-v2-chat-7b	3	4	3	10
HF - Llama-v2-chat-13b	4	3	4	11

Fonte: Autor

Tabela 3. Custo (em dólares $)

	Grupo Fácil	Grupo Médio	Grupo Avançado	Total
OpenAI - gpt-3.5-turbo	0,04	0,05	0,06	0,15
OpenAI - gpt-4	0,32	0,35	0,55	1,22
HF - Llama-v2-chat-7b	0,13	0,14	0,16	0,43
HF - Llama-v2-chat-13b	0,14	0,16	0,17	0,47

Fonte: Autor

A escala de avaliação para assertividade e tempo está indo de 1 a 4, onde 1 seria o melhor e 4 seria o pior. Para a avaliação de custo, foi utilizado o valor gerado pelo serviço utilizado.

Analisando o resultado obtido nas Tabelas 1 a 3, ficou evidente qual deverá ser o modelo LLM na solução final, no caso seria HF - Llama-v2-chat-13b. Os demais modelos se mostraram bons em um quesito específico, porém foi levado em conta que por mais que o custo seja um pouco maior, o primeiro objetivo é a assertividade do modelo, em seguida, o tempo de resposta, e por último o custo gerado.

Com base nesse estudo, foi desenvolvido uma aplicação de NLP, um Chatbot que é capaz de ingerir um grande e vasta quantidade de documentos, e após isso, ser um fornecedor de informações relativas à sua base de conhecimento. Esse tipo de solução é muito bem-vista dentro da atual realidade devido ao fato de sua intercambialidade e fácil atualização, ou seja, novos documentos podem ser adicionados sem ter nenhum problema e exigindo nenhum desenvolvimento adicional, assim como podendo ser replicado para outra base de conhecimentos.

5 CONSIDERAÇÕES FINAIS

Neste capítulo, o desenvolvimento de um Chatbot baseado em uma biblioteca de documentos, assim adquirindo conhecimento e unido ao poder da inteligência artificial, juntamente com a facilidade no acesso às novas tecnologias e avanços dentro desse campo, foi possível desenvolver não somente uma solução, assim como, poder definir como obter a melhor performance utilizando diferentes models de LLM. O resultado obtido indica que esse tipo de solução tem uma grande utilidade dentro de qualquer área, que possua boa quantidade de documentos digitais, e gostaria de interagir com ele de forma dinâmica, tecnológica, prática e inteligente. Sendo que a cada dia estamos tendo mais e mais avanços nesse campo de inteligência artificial, como o desenvolvimento de novos modelos gratuitos, com performance semelhante ou melhor que ChatGPT, esse tipo de aplicação Chatbot tende a ter mais e mais recursos disponíveis para otimizar cada vez os algum dos parâmetros mais importantes, tempo, assertividade e custo.

Para melhorar o tempo e custo, poderia ser aplicado uma nova forma de servir o modelo, assim como servidores com menor latência, e para melhorar assertividade, poderia

ser aplicado um *fine-tunning*, que seria desenvolver uma base de dados contendo perguntas e respostas, contendo interações entre o ser humano e a inteligência artificial, e treinar o modelo a aprender com essa base de dados, tornando-o mais inteligente para especificas tarefas.

6 REFERÊNCIAS

Adamopoulou, E., & Moussiades, L. (2020a). An overview of chatbot technology. In IFIP International Conference on Artificial Intelligence Applications and Innovations (pp. 373-383). Springer.

Bender, E. M., Gebru, T., McMillan-Major, A., & Shmitchell, S. (2021). On thedangers of stochastic parrots: Can language models be too big? InFacct'21: Proceedings of the 2021 acm conference on fairness, accountability, and transparency(pp. 610–623). Association for Computing Machinery.https://dl.acm.org/doi/10.1145/3442188.3445922

Bilan, M. 2023. Statistics of ChatGPT & Generative AI in business: 2023 Report. Master of Code. Disponível em: https://masterofcode.com/blog/statistics-of-chatgpt-generative-ai-in-business-2023-report. Acesso em: 30 de junho de 2023.

Brandl, R., Ellis, C. 2023. ChatGPT Statistics 2023. Tooltester. Disponível em: https://www.tooltester.com/en/blog/chatgpt-statistics/. Acesso em: 03 de setembro de 2023.
Brown, T. B., Mann, B., Ryder, N., Subbiah, M., Kaplan, J., Dhariwal, P., Nee-lakantan, A., Shyam, P., Sastry, G., Askell, A., Agarwal, S., Herbert-Voss,A., Krueger, G., Henighan, T., Child, R., Ramesh, A., Ziegler, D. M.,Wu, J., Winter, C., ... Amodei, D. (2020). Language models are few-shotlearners. In H. Larochelle, M. Ranzato, R. Hadsell, M. Balcan, & H. Lin(Eds.), Advance sinneural information processing systems(pp. 1877–1901,Vol. 33). Curran Associates, Inc. https://proceedings.neurips.cc/paper/2020/file/1457c0d6bfcb4967418bfb8ac142f64a-Paper.pdf

Davis, M. D. 1997. Game theory: a nontechnical introduction. Mineola, N.Y, United States of America.

Frasca, C., Muir, K., Ding, Y. 2023. Streamlit. Disponível em https://blog.streamlit.io/build-a-chatbot-with-custom-data-sources-powered-by-llamaindex/. Acesso em: 04 de julho de 2023.

Gebru, T., Morgenstern, J., Vecchione, B., Vaughan, J. W., Wallach, H., III, H. D.,& Crawford, K. (2021). Datsheets for datasets.Communications of theACM,64(12), 86–92. https://dl.acm.org/doi/10.1145/3458723
Hanane, D. 2023. Medium - Embedding in OpenAI API. Disponível em: https://medium.com/@basics.machinelearning/embedding-in-openai-api-b9bb52a0bd55. Acesso em: 02 de julho de 2023.

Heyer, S. 2023. Generative AI - Document Retrieval and Question Answering with LLMs. Disponível em: https://medium.com/google-cloud/generative-ai-document-retrieval-and-question-answering-with-llms-2b0fb80ae76d. Acesso em: 02 de julho de 2023.

Replicate. 2023. Replicate. Disponível em https://replicate.com/pricing. Acesso em: 04 de julho de 2023.

Heyer, S. 2023. Generative AI - Document Retrieval and Question Answering with LLMs. Disponível em: https://medium.com/google-cloud/generative-ai-document-retrieval-and-question-answering-with-llms-2b0fb80ae76d. Acesso em: 02 de julho de 2023.

Strubell, E., Ganesh, A., & McCallum, A. (2019). Energy and policy considera-tions for deep learning in NLP. In A. Korhonen, D. Traum, & L. Màrquez(Eds.), Proceedings of the 57th annual meeting of the association for computational linguistics(pp. 3645–3650). Association for Computational Linguistics. https://aclanthology.org/P19-1355/

Vaswani, A., Shazeer, N., Parmar, N., Uszkoreit, J., Jones, L., Gomez, A. N.,Kaiser, L., & Polosukhin, I. (2017). Attention is all you need. In I.Guyon, U. von Luxburg, S. Bengio, H. Wallach, R. Fergus, S. V. N.Vishwanathan, & R. Garnett (Eds.),Nips 2017: 31st conference onneural information processing systems(pp. 1–11, Vol. 30). Curran As-sociates, Inc. https://proceedings.neurips.cc/paper/2017/file/3f5ee243547dee91fb d053c1c4a845aa-Paper.pdf

Yang, S. 2023. Towards Data Science - LlamaIndex: the ultimate LLM framework for indexing and retrieval. Disponível em: https://towardsdatascience.com/llamaindex-the-ultimate-llm-framework-for-indexing-and-retrieval-fa588d8ca03e. Acesso em: 04 de julho de 2023.

Wamba, S. F., Bawack, R. E., Guthrie, C., Queiroz, M. M., & Carillo, K. D. (2021). Are we preparing for a good AI society? A bibliometric review and research agenda. Technological Forecasting and Social Change, 164, article 120482. https://doi.org/10.1016/j.techfore.2020.120482

Witt, T. 2023. Acceleration Economy - How To Understand, Manage Token-Based Pricing of Generative AI Large Language Models. Disponível em: https://accelerationeconomy.com/ai/how-to-understand-manage-token-based-pricing-of-generative-ai-large-language-model-costs/. Acesso em: 04 de julho de 2023.

CAPÍTULO 6 | OTIMIZAÇÃO DA CONVERSÃO EM CAMPANHAS DIGITAIS COM APLICAÇÃO DE REGRAS DE ASSOCIAÇÃO EM CRIATIVOS

Hiêgor Barreto Rodrigues
Jorge Costa Silva Filho[2]

RESUMO

O objetivo deste capítulo é analisar a eficiência dos criativos de campanhas digitais, utilizando regras de associação para correlacionar termos com o sucesso das campanhas, medido pela taxa de cliques. O contexto envolve a crescente necessidade de otimização de conversão em campanhas digitais, onde os elementos criativos, embora fundamentais, muitas vezes não recebem a atenção analítica necessária. A questão problematizadora é: como aplicar análises estatísticas para otimizar a criação de campanhas digitais? A justificativa está na importância de fundamentar o processo criativo com dados, alinhando criatividade e eficiência de conversão. A metodologia adotou o uso de algoritmos de regras de associação para identificar termos que influenciam o sucesso das campanhas, conectando-os com a taxa de cliques. O referencial teórico baseia-se em conceitos clássicos de marketing, como os 4 P's, e na aplicação de métodos analíticos no processo criativo. Os resultados mostram que os termos de maior correlação com o sucesso seguem princípios de marketing bem estabelecidos. Nas considerações finais, conclui-se que a abordagem proposta oferece uma forma escalável e analítica para otimizar os criativos, proporcionando uma integração mais eficiente entre criatividade e dados, melhorando o impacto das campanhas.

Palavras-chave: OTIMIZAÇÃO. CRIATIVOS. REGRAS DE ASSOCIAÇÃO

1 INTRODUÇÃO

Segundo a Associação Americana de Marketing [AMA] (2017), marketing é a atividade, o conjunto de conhecimentos e processos para criar, comunicar, entregar e trocar ofertas com valor para consumidores, clientes, parceiros e a sociedade toda. Segundo Kotler e Keller (2018), envolve principalmente identificar e satisfazer necessidades humanas e sociais, sendo administrado pela seleção de mercados-alvo, captação, manutenção e fidelização do público mediante criação, entrega e comunicação de valor.

Alguns teóricos, como Bala e Verma (2018), estimam a origem do marketing digital no início dos anos 1990, com *sites* baseados em textos trazendo informações sobre o produto. Para Vaibhava (2019), marketing digital é definido pelo uso de várias táticas e canais digitais para se conectar com clientes de variadas formas na vasta gama de estratégias online – publicidade digital, mecanismos de pesquisa, redes sociais, e-mail marketing, entre outras.

Ao encontro dessa ideia, Kannan (2017), ressaltou o crescimento de pesquisas relacionadas ao marketing digital nos últimos anos e desenvolveu um *framework* para pesquisas no tema. Saura Lacárcel et al. (2017), por sua vez, investigaram quais são as principais métricas e indicadores-chave (KPI) os quais as empresas precisam entender e gerir para trazer maior eficiência em suas estratégias de anúncio online.

De acordo com Rogers e Sexton (2012), cerca de 90% dos profissionais sêniores na área defendem a utilização de dados para guiar as decisões de marketing e aumento do retorno do investimento em marketing de marcas de sucesso. Braverman (2015) identificou a importância dos dados, onde evidenciou mais de 80% dos profissionais de todo o mundo reconhecendo a importância dos dados para guiar os esforços de publicidade e marketing, e mais de 90% acreditando no crescimento da importância dos dados no futuro.

Conforme sustenta Carl Manci (2017), neurocientista chefe da Nielsen, o desempenho do criativo está relacionado a até 89% da influência das vendas no contexto digital, destacando a sua importância para o sucesso de um anúncio. Neste sentido, Zhou et al. (2020), propuseram recomendações de temas para criativos de anúncio por intermédio de representações visuais e linguísticas, para reduzir a probabilidade de fadiga dos criativos e incorporar elementos de anúncios semelhantes com sucesso.

Segundo Mishra et al. (2020), a ciência de dados é fundamental para a elaboração de um método a fim de melhorar a eficácia dos criativos de anúncio, tanto para o texto quanto para a imagem, trazendo elementos associados a uma maior taxa de cliques. Vempati et al. (2019) contribuíram para a área com um novo método para avaliação e geração de criativos de anúncio em grande escala visando uma personalização a nível de usuário, baseado em *Deep Learning* e Algoritmo Genético.

Apresentado a interdisciplinaridade do tema, Kae et al. (2011) aplicaram o Reconhecimento Óptico de Caracteres como sistema para, a partir dos dados extraídos dos elementos do criativo, predizer a categoria do anúncio analisado. Hwang e Yang (2008) desenvolveram uma abordagem de publicidade personalizada para vendas de novos produtos de acordo com regras de associação. Joshi e Sodhi (2014) propuseram um sistema cujo objetivo é identificar o interesse do consumidor a fim de escalar os anúncios por meio de abordagem semelhante. Mujianto et al. (2019), por sua vez, exploraram o tema relacionando-o com estratégias de venda, encontrando resultados a serem utilizados na organização de produtos de catálogo.

1.1 Objetivo Geral

O presente capítulo tem como objetivo analisar os criativos de anúncio, por meio de Reconhecimento Ótico de

Caracteres e regras de associação, e a influência dos termos presentes para o sucesso das campanhas. A partir disso, é possível identificar padrões textuais com rendimento acima da média e pautem boas práticas na criação de novas peças.

1.2 Objetivo específico

k) Identificar padrões textuais com rendimento acima da média e pautem boas práticas na criação de novas peças;
l) Propor uma abordagem analítica que combine criatividade e dados;
m) Otimizar os resultados dos criativos de campanhas digitais

1.3 Questão problematizadora

De que maneira as análises estatísticas podem ser aplicadas para otimizar o processo de criação e maximizar o sucesso das campanhas digitais?

2 METODOLOGIA

Quanto à abordagem, essa pesquisa classifica-se como quantitativa, seguindo a definição de Aliaga e Gunderson (2002), descrita como uma abordagem explicativa para um fenômeno por meio da coleta de dados numéricos analisados por métodos matemáticos e estatísticos.

Quanto aos objetivos, classifica-se como aplicada, conforme definido por Fleury e Werlang (2016), onde são utilizados conhecimentos já adquiridos para coletar, selecionar e processar dados, visando solucionar problemas concretos, gerar resultados e impactos.

Quanto aos procedimentos metodológicos, classifica-se como um estudo experimental, propondo-se a compreender, identificar e explicar relações de causa e efeito entre os termos utilizados em anúncios e os seus respectivos resultados, em concordância com o conceito tratado por Lakatos e Marconi (2007).

A base de dados do projeto é composta por 44 criativos (imagens de um anúncio) de campanhas de tráfego veiculadas na plataforma de mídia do Meta e suas respectivas taxas de clique (*CTR*, do inglês *Click-Through Rate*). Foi escolhida a ferramenta *Google Colaboratory* para a criação dos scripts em linguagem *Python*, onde foram utilizados o Reconhecimento Ótico de Caracteres, para extração dos termos alfanuméricos presentes nos criativos, e o algoritmo *A Priori*, para construção das regras de associação.

O Meta disponibiliza 7 objetivos de campanha: reconhecimento, tráfego, engajamento, visualizações de vídeo, geração de *leads*, conversão e instalação de aplicativo. No presente projeto, o foco foram as campanhas de tráfego, cujo objetivo foi aumentar o tráfego no *site*, refletindo no aumento de visitas e potenciais *leads* e clientes. Hemann e Burbary (2018) discutem vários tipos de campanhas digitais e sugerem métricas para acompanhamento de para campanhas de mídia social, como engajamento, compartilhamento, alcance, taxa de cliques e conversões. A métrica que fora utilizada para balizar o sucesso dos criativos nesse trabalho foi a taxa de cliques, indicando quantos cliques o anúncio recebeu em comparação com a quantidade de impressões obtidas. A escolha dessa métrica é baseada em sua representação não somente do número de cliques, responsáveis por levar o usuário ao *site*, mas também no conceito de atratividade do anúncio, ao comparar as interações do usuário (cliques) com a quantidade de impressões.

Chaudhuri et al. (2017) definem o Reconhecimento Ótico de Caracteres [*OCR*, do inglês *Optical Character*

Recognition] como o processo de classificação para padrões óticos de caracteres alfanuméricos em uma imagem digital e ressaltam o crescimento da atenção para o tema na academia e na indústria. Para Memon et al. (2020), a eficiência dos sistemas de OCR está diretamente ligada à extração de recursos e discriminação e classificação desses recursos, baseados nos padrões já existentes. Assim, é necessário atenção à qualidade da imagem utilizada, mais especificamente às características do texto, como fonte, tamanho e presença de efeitos e/ou distorções os quais dificultam o entendimento da ferramenta. Chandra et al. (2020) propõem que, para reconhecer os caracteres e converter o seu conteúdo em texto, o processo de *OCR* envolve muitas etapas, como: aquisição da imagem, pré-processamento, segmentação, extração de recursos, classificação e pós-processamento.

Na aquisição da imagem, a ferramenta explora, analisa e a converte em dados binários, diferenciando as áreas da imagem entre plano de fundo e texto. Rosenbrock (2016) aborda a importância do pré-processamento da imagem, levantando tratamentos para facilitar e melhorar o reconhecimento da ferramenta; esse processo pode incluir transformação da imagem, como translação, rotação, redimensionamento, ajustes de brilho, contrastes, distorções e o outros passos para facilitar o reconhecimento.

Goswami e Sharma (2013) detalham as etapas seguintes: na segmentação, os caracteres das palavras são extraídos e isolados para identificação dos seus subcomponentes, espaço entre palavras e quebras de linha; na extração de recursos, as características dos caracteres são extraídas para diferenciação entre si; na classificação é realizado o reconhecimento com o uso de variadas técnicas, como a comparação com modelos pré-definidos de referência, reconhecimento de padrões, técnicas estruturais, redes neurais e árvores de decisão (o sucesso dessa etapa tem relação significativa com a qualidade das características extraídas na etapa anterior); no pós-processamento são combinados os resultados das etapas anteriores para a formação de palavras e sentenças utilizando a inteligência do algoritmo, de forma estruturada.

Para o *OCR* desse projeto foi utilizado o *Pytesseract (v0.3.10)*, biblioteca de código aberto na linguagem de programação Python baseada no mecanismo *Tesseract OCR*, desenvolvido pelo Google e disponível para instalação em variados sistemas operacionais, a sua documentação pode ser consultada em *https://pypi.org/project/pytesseract*. A biblioteca do *Pytesseract* pode ser utilizada para extrair o texto de qualquer imagem se providas as informações de armazenamento do arquivo e qual a sua linguagem. Na biblioteca também é possível escolher entre diferentes configurações para maior eficiência, como diferentes tipos de *OCR*, especificação dos limites da região de interesse e outras formas de deixar a imagem mais fluida para a leitura da máquina. A partir deste ponto, o *Pytesseract* é responsável por concluir as etapas do *OCR*, desde o pré-processamento até o pós-processamento.

As regras de associação foram elaboradas com auxílio do algoritmo *A Priori*, fundamentado em 2 etapas principais: levantamento dos conjuntos de itens e geração das regras de associação. O algoritmo foi proposto por Agrawal e Srikant (1994), onde detalharam o seu funcionamento: o algoritmo levanta todos os conjuntos de itens (com suporte acima do mínimo determinado) em conjuntos de um único item e, a partir desses conjuntos, gera conjuntos de dois itens com suporte superior ao indicado. Esse processo é repetido enquanto o suporte for respeitado, originando os conjuntos de itens frequentes chamados de candidatos. Na segunda etapa, as regras de associação são geradas a partir das combinações dos
conjuntos frequentes. Ou seja, *A Priori* usa um processo iterativo para encontrar todos os conjuntos de itens

frequentes na base de dados para serem utilizados na geração das regras de associação.

As regras de associação, técnica chave do projeto, são definidas por Kotsiantis e Kanellopoulos (2006) como técnicas de aprendizado de máquina, frequentemente utilizadas na mineração de dados a fim de encontrar padrões e relações entre itens em bases de dados transacionais ou outros conjuntos de dados. Uma regra de associação é definida como uma implicação "se..., então..." na qual os conjuntos de itens são organizados em *antecedents* (se) e *consequents* (então).

Segundo Tan et al. (2016), as regras de associação são úteis para identificar padrões e, principalmente, descobrir possíveis correlações dentro da base de dados e, assim, entender mais sobre o comportamento do consumidor para gerar soluções a serem aplicadas nos pontos de contato.

A relevância das regras de associação está atrelada, principalmente, ao suporte (*support*) e à confiança (*confidence*). Han et al. (2012) descrevem suporte como a porcentagem de transações em um banco de dados transacional em que a regra é satisfeita e confiança como a

métrica utilizada para avaliar o grau de certeza da regra, sendo calculada através da probabilidade condicional, ou seja, a probabilidade de uma transação conter X e também conter Y. Além disso, também abordam a importância do *lift*, métrica responsável por evidenciar a dependência e a correlação dos eventos: se o *lift* entre duas ocorrências for inferior a 1, as ocorrências estão negativamente correlacionadas, ou seja, a ocorrência de A possivelmente leva à ausência de B; se o *lift* entre duas ocorrências for superior a 1, as ocorrências estão positivamente correlacionadas, ou seja, a ocorrência de A possivelmente leva à ocorrência de B.

Portanto, regras de associação com alto suporte e confiança são consideradas regras fortes e transmitem mais segurança em sua aplicabilidade, enquanto o *lift* proporciona a interpretação da correlação proposta.

Neste trabalho, as palavras presentes em cada criativo foram extraídas por meio de *OCR*, e serão tratadas como itens em um conjunto, ou seja, cada termo alfanumérico (palavras ou números) presente na imagem será análogo a um produto em uma cesta de compras. Para caracterização do sucesso, foram determinados valores alvo para a taxa de cliques do anúncio de 0,65%, 0,75% e 1,00% - escolha baseada na experiência de campanhas de
objetivo semelhante no mesmo ramo de negócios. Em resumo, os criativos cuja taxa de clique é superior aos valores indicados têm como um dos seus itens o 'sucesso', permitindo-nos associá-lo aos termos.

Assim, observando a literatura e as aplicações do método, observa-se que é indicado para encontrar relações entre elementos. Desse modo, aborda-se as regras de associação no projeto servindo-se da relação entre os termos do anúncio e a sua taxa de conversão, para identificar padrões textuais nos criativos com rendimento acima do esperado, indicando boas práticas na criação de novas peças, visando, consequentemente, maior retorno sobre o investimento.

Para o desenvolvimento do projeto, as imagens receberam um pré-tratamento manual de remoção do ruído excessivo e padronização de cores e fontes para garantir o funcionamento do *OCR* com eficácia. A partir desse ponto, o script produzido em *Python* foi responsável por mais uma série de tratamentos dos criativos, pelo *OCR* e pelo aprendizado de máquina descrito.

No tratamento dos criativos para o *OCR*, alguns dos passos envolvem converter a imagem para preto e branco, aplicar dilatação e erosão para diminuir o ruído da imagem e a utilização dos limites para filtrar a informação excessiva.

Tabela 1. Exemplo do *data frame* resultante do *Pytesseract*

level	page_num	block_num	...	height	conf	text
1 1	1	0	...	545	96	Escolha
2 2	1	1	...	174	96	tempo
3 3	1	1	...	174	86	Chama
4 3	1	2	...	78	64	sua
5 4	1	1	...	78	88	agentes
6 5	1	2	...	57	95	COMIGO
7 5	1	3	...	55	96	Facilidade!
... ...	...	...	...	...	...	...

Fonte: Autor

O *data frame* retratado acima ainda não está no formato ideal para a análise, então foram realizados tratamentos adicionais: foram extraídas apenas as informações das colunas 'text' e 'conf'; da coluna 'text' foram removidos todos os caracteres especiais, os textos foram convertidos para caixa baixa, e foram removidos os termos duplicados e nulos. O resultado do tratamento é expressado na Tabela 2.

Tabela 2. *Data frame* resultante do tratamento inicial

	conf	text
1	96	escolha
2	96	tempo
3	86	chama
4	64	sua
5	88	agentes
6	95	comigo
7	96	facilidade

Fonte: Autor

A Tabela 3 a seguir ilustra os dados transpostos, formato ideal para o *data frame* ser trabalhado

Tabela 3. Exemplo do *data frame* transposto

text	escolha	tempo	chama	sua	...	agentes	comigo	facilidade
1	96	96	NaN	64	...	NaN	NaN	NaN
2	NaN	94	86	98	...	NaN	NaN	NaN
3	NaN	NaN	NaN	NaN	...	NaN	NaN	84
...	...	...	...	...	...	...	...	...

Fonte: Autor

Com os termos organizados em colunas, foram retiradas as *stopwords*, palavras consideradas descartáveis para o conjunto de itens final. Além disso, os valores do 'conf' (representação da confiabilidade para a presença do termo) foram transformados para booleanos. Esse passo é necessário para a base de dados ter a forma ideal para inserir no algoritmo, apresentado na Tabela 4.

Tabela 4. Exemplo do *data frame* sem *stopwords* e com valores booleanos

criativo	escolha	tempo	chama	...	agentes	comigo	facilidade
1	1	1	0	...	0	0	0
2	0	1	1	...	0	0	0
3	0	0	0	...	0	0	1
...	...	...	...	...	...	...	...

Fonte: Autor

Após a limpeza restaram os termos relevantes para o algoritmo, porém alguns são análogos e podem ser agrupados, por exemplo: comprando, comprar, compre, compras foram unidos em uma única coluna denominada 'compra'. Esse *data frame* resultante foi alimentado com 3 colunas de 'sucesso', originando a Tabela 5 – as colunas são booleanas e trazem o valor 1 caso o criativo tenha um *CTR* superior a 0,65%, 0,75% e 1,00%, respectivamente, e 0 caso não.

Tabela 5. Exemplo do *data frame* com termos agrupados e a coluna sucesso

criativo	escolha	...	facilidade	sucesso_0.65	sucesso_0.75	sucesso_1.00
1	1	...	0	1	1	1
2	0	...	0	1	1	0
3	0	...	1	1	0	0
...	...	...	...	...	...	...

Fonte: Autor

O *data frame* resultante do passo anterior foi utilizado para o algoritmo *A Priori*, com um suporte mínimo de 0,1 - ou seja, serão considerados apenas termos presentes em mais de 10% dos criativos. A amostra do *data frame* gerado está expressa na Tabela 6

Tabela 6. Amostra do *data frame* resultante das regras de associação

antecedents	consequents	antecedent support	consequent support	support	confidence	lift
(*site*)	(cupom)	0,409	0,364	0,227	0,556	1,528
(cupom)	(*site*)	0,364	0,409	0,227	0,625	1,528
(*site*)	(cidade)	0,409	0,341	0,205	0,5	1,467
(cidade)	(*site*)	0,341	0,409	0,205	0,6	1,467
(*site*)	(marca)	0,409	0,773	0,295	0,722	0,935

Fonte: Autor

3 RESULTADOS E DISCUSSÕES

Esta seção apresenta os resultados das regras de associação entre os termos extraídos e o sucesso dos criativos em diferentes níveis. Utilizando o *lift* como métrica principal da análise, será discutida a correlação entre termos e sucesso e a mudança conforme aumento do grau de competência dessa consideração. Como abordado anteriormente, o *lift* é utilizado para avaliar a força das associações: quanto maior o *lift*, maior a correlação entre *antecedent* e *consequent*.

O primeiro nível de sucesso analisado foi o *CTR* acima de 0,65%, escolha feita a partir da experiência empírica com o tipo de campanha analisada para o ramo escolhido, um valor aceito como padrão. Nesta condição, dos 44 criativos analisados, a base conta com 30 criativos com sucesso. A Tabela 7 expressa a base de dados relacionada ao *consequent* sucesso_0.65, ou seja, o sucesso do criativo com o CTR acima de 0,65%.

Tabela 7. *Data frame* da aplicação para o sucesso com *CTR* 0,65%

antecedents	consequents	antecedent support	consequent support	support	confidence	lift
(site)	(sucesso_0.65)	0,409	0,682	0,318	0,778	1,141
(cupom)	(sucesso_0.65)	0,364	0,682	0,341	0,938	1,375
(novo)	(sucesso_0.65)	0,182	0,682	0,136	0,750	1,100
(cidade)	(sucesso_0.65)	0,341	0,682	0,273	0,800	1,173
(ganhar)	(sucesso_0.65)	0,114	0,682	0,114	1,000	1,467
(marca)	(sucesso_0.65)	0,773	0,682	0,523	0,676	0,992
(valida)	(sucesso_0.65)	0,159	0,682	0,136	0,857	1,257
(site, cupom)	(sucesso_0.65)	0,227	0,682	0,205	0,900	1,320
(site, cidade)	(sucesso_0.65)	0,205	0,682	0,182	0,889	1,304
(site, marca)	(sucesso_0.65)	0,295	0,682	0,227	0,769	1,128
(valida, site)	(sucesso_0.65)	0,159	0,682	0,136	0,857	1,257
(cupom, marca)	(sucesso_0.65)	0,341	0,682	0,318	0,933	1,369
(cidade, novo)	(sucesso_0.65)	0,182	0,682	0,136	0,750	1,100
(novo, marca)	(sucesso_0.65)	0,159	0,682	0,114	0,714	1,048
(cidade, marca)	(sucesso_0.65)	0,205	0,682	0,159	0,778	1,141
(ganhar, marca)	(sucesso_0.65)	0,114	0,682	0,114	1,000	1,467
(valida, marca)	(sucesso_0.65)	0,159	0,682	0,136	0,857	1,257
(site, cupom, marca)	(sucesso_0.65)	0,205	0,682	0,182	0,889	1,304
(valida, site, marca)	(sucesso_0.65)	0,159	0,682	0,136	0,857	1,257
(cidade, novo, marca)	(sucesso_0.65)	0,159	0,682	0,114	0,714	1,048

Fonte: Autor

Para o primeiro nível, o algoritmo levantou 20 associações entre os termos e o sucesso. É percebido, na análise de termos isolados, 7 associações, dos quais 6 possuem o *lift* superior a 1 (positivamente correlacionados) e apenas 1 possui o *lift* inferior a 1 (negativamente correlacionados). Além disso, foram levantadas 13 associações com combinação de termos, todas com o *lift* superior a 1.

Assim, nota-se:

i.   Com o termo *"site"*, a chance de sucesso é 14,1% maior;

ii.   Com um cupom, a chance de sucesso é 37,5% maior;

iii. Com o termo "novo", a chance de sucesso é 10% maior;

iv.   Com uma cidade, a chance de sucesso é 17,3% maior;

v.   Com o termo "ganhar", a chance de sucesso é 46,7% maior;

vi.   Com a marca, a chance de sucesso é 0,8% menor;

vii. Com o termo "valida", a chance de sucesso é 25,7% maior.

Quando combinados os termos, são criados insights com maior robustez para construção de criativos mais completos. Nessa análise, percebe-se:

a) O termo *"site"* em conjunto com o cupom resulta em uma chance de sucesso 32% maior. Já em conjunto com a marca, apenas 12,8% maior. E, quando os 3 aparecem em conjunto, a chance do sucesso é 30,4% maior;

b) Uma cidade em conjunto com a marca resulta em uma chance de sucesso 14,1% maior. Já em conjunto com o termo "novo", a chance do sucesso é 10% maior; Quando os 3 aparecem em conjunto, a chance do sucesso é apenas 4,8% maior;

c) O termo *"site"* em conjunto com uma cidade resulta em uma chance de sucesso 30,4% maior;

d) A marca em conjunto com um cupom resulta em uma chance de sucesso 36,9% maior. Quando em conjunto com o termo "ganhar", 46,7% maior. Já em conjunto com o termo "novo", apenas 4,8% maior;

e) O termo "valida" em conjunto com o *site* e/ou com a marca resulta em uma chance de sucesso 25,7% maior.

Nesse nível, é notado o *lift* inferior a 1 entre a marca e o sucesso. Isso acontece devido à presença da marca em 34 dos 44 criativos analisados, ou seja, ela está presente na grande maioria dos criativos, sujeitos a sucesso ou não, diminuindo a correlação entre eles. Porém, é importante ressaltar a proximidade do valor do *lift* de 1, interpretado como a ausência de correlação.

Também foi observado o termo "*site*" quando em conjunto com uma cidade (30,4%) ter um aumento da chance de sucesso superior a cada um individualmente (14,1% e 17,3%, respectivamente). Esse fenômeno é causado pelo aumento do *confidence* quando esses termos estão juntos, ou seja, a sua ligação com o sucesso. Individualmente, o termo "*site*" possui sucesso em 14 dos 18 criativos onde aparece, gerando o *confidence* de 0,778; a cidade tem sucesso em 12 dos 15 criativos onde aparece, gerando o *confidence* de 0,80; quando os 2 aparecem em conjunto, possuem sucesso em 8 dos 9 criativos onde aparecem, gerando um *confidence* de 0,889. Como o *consequent support* (porcentagem de criativos com sucesso na base) se mantém constante, o aumento do *confidence* causa o aumento do *lift* observado.

Do mesmo modo, é possível ocorrer o oposto: o *lift* diminuir quando os termos estão em conjunto. Observa-se individualmente a presença de uma cidade no criativo aumentar a chance de sucesso em 17,3%, enquanto, em conjunto com a marca, com o termo "novo" ou com ambos, os *lifts* diminuírem para 14,1%, 10% e 4,8%, respectivamente. Ao contrário do exemplo anterior, esse evento é causado pela diminuição do *confidence* quando o termo cidade está atrelado a outros.

É percebida outra possibilidade ao analisar o termo "valida", cujo *lift* se mantém constante de forma isolada ou em conjunto com outros termos. Nesse caso, não há alteração no *confidence* do termo quando em conjunto com outros, ou seja, nas aparições do termo, o criativo também possui os outros termos associados

O segundo nível analisado foi o *CTR* superior a 0,75%, dividindo o banco de dados em números próximos de sucessos e insucessos. Nesta condição, dos 44 criativos analisados, a base conta com 23 criativos com sucesso. A Tabela 8 expressa o *data frame* relacionado ao sucesso do criativo com o CTR acima de 0,75%.

Tabela 8. *Data frame* da aplicação para o sucesso com *CTR* 0,75%

antecedents	consequents	antecedent support	consequent support	support	confidence	lift
(site)	(sucesso_0.75)	0,409	0,523	0,295	0,722	1,382
(cupom)	(sucesso_0.75)	0,364	0,523	0,273	0,750	1,435
(cidade)	(sucesso_0.75)	0,341	0,523	0,205	0,600	1,148
(ganhar)	(sucesso_0.75)	0,114	0,523	0,114	1,000	1,913
(marca)	(sucesso_0.75)	0,773	0,523	0,409	0,529	1,013
(valida)	(sucesso_0.75)	0,159	0,523	0,136	0,857	1,640
(site, cupom)	(sucesso_0.75)	0,227	0,523	0,182	0,800	1,530
(site, cidade)	(sucesso_0.75)	0,205	0,523	0,159	0,778	1,488
(site, marca)	(sucesso_0.75)	0,295	0,523	0,205	0,692	1,324
(valida, site)	(sucesso_0.75)	0,159	0,523	0,136	0,857	1,640
(cupom, marca)	(sucesso_0.75)	0,341	0,523	0,250	0,733	1,403
(cidade, marca)	(sucesso_0.75)	0,205	0,523	0,114	0,556	1,063
(ganhar, marca)	(sucesso_0.75)	0,114	0,523	0,114	1,000	1,913
(valida, marca)	(sucesso_0.75)	0,159	0,523	0,136	0,857	1,640
(site, cupom, marca)	(sucesso_0.75)	0,205	0,523	0,159	0,778	1,488
(valida, site, marca)	(sucesso_0.75)	0,159	0,523	0,136	0,857	1,640

Fonte: Autor

Para o segundo nível, o algoritmo levantou 16 associações entre os termos e o sucesso. Neste caso, foram encontradas 6 associações de termos isolados e 10 associações com combinação de termos, todas com o *lift* acima de 1. Para os termos isolados, nota-se:

i.   Com o termo "*site*", a chance de sucesso é 38,2% maior;

ii.   Com um cupom, a chance de sucesso é 43,5% maior;

iii.   Com uma cidade, a chance de sucesso é 14,8% maior;

iv.   Com o termo "ganhar", a chance de sucesso é 91,3% maior;

v.   Com a marca, a chance de sucesso é 1,3% maior;

vi.   Com o termo "valida", a chance de sucesso é 64% maior.

Com os termos combinados, foi percebido:

a) O termo "*site*" em conjunto com o cupom resulta em uma chance de sucesso 53% maior. Já em conjunto com a marca, 32,4% maior. E, quando os 3 aparecem em conjunto, a chance de ter sucesso é 48,8% maior;

b) O termo "*site*" em conjunto com uma cidade resulta em uma chance de sucesso 48,8% maior.

c) A marca em conjunto com um cupom resulta em uma chance de sucesso 40,3% maior. Quando em conjunto com o termo "ganhar", 91,3% maior. Já em conjunto com uma cidade, apenas 6,3% maior;

d) O termo "valida" em conjunto com o *site* e/ou com a marca resulta em uma chance de sucesso 64% maior.

Observa-se, neste nível de sucesso, a presença da marca no criativo não apresentar o *lift* negativo, ou seja, passou a ser positivamente correlacionada com o sucesso. Mesmo com a mudança, nota-se a preservação da fraca correlação, pois o *lift* segue próximo de 1.

De maneira semelhante ao abordado anteriormente, nota-se o aumento do *lift* do *site* em conjunto com uma cidade, resultando em um valor superior a cada termo analisado individualmente. Nessa análise, diferentemente do nível de sucesso anterior, a associação dos termos "*site*" e "cupom" também resulta em um valor superior a cada termo de maneira isolada. É observado, também, a diminuição do *lift* quando os termos são associados à marca.

Da mesma forma, o termo "valida" mantém o *lift*, mesmo com as associações. Além disso, foi constatado o mesmo comportamento do termo "ganhar" quando associado à marca.

O terceiro nível analisado foi o *CTR* acima de 1,00%, considerado como um grande êxito para os padrões desse tipo de campanha no mercado. Nesta condição, dos 44 criativos analisados, a base conta com 12 criativos de sucesso.

Tabela 9. *Data frame* da aplicação para o sucesso com *CTR* 1,00%

antecedents	consequents	antecedent support	consequent support	support	confidence	lift
(site)	(sucesso_1.00)	0,409	0,273	0,205	0,500	1,833
(cupom)	(sucesso_1.00)	0,364	0,273	0,182	0,500	1,833
(marca)	(sucesso_1.00)	0,773	0,273	0,250	0,324	1,186
(valida)	(sucesso_1.00)	0,159	0,273	0,136	0,857	3,143
(site, cupom)	(sucesso_1.00)	0,227	0,273	0,159	0,700	2,567
(site, marca)	(sucesso_1.00)	0,295	0,273	0,182	0,615	2,256
(valida, site)	(sucesso_1.00)	0,159	0,273	0,136	0,857	3,143
(cupom, marca)	(sucesso_1.00)	0,341	0,273	0,159	0,467	1,711
(valida, marca)	(sucesso_1.00)	0,159	0,273	0,136	0,857	3,143
(site, cupom, marca)	(sucesso_1.00)	0,205	0,273	0,136	0,667	2,444
(valida, site, marca)	(sucesso_1.00)	0,159	0,273	0,136	0,857	3,143

Fonte: Autor

Para o terceiro nível, o algoritmo encontrou 11 associações entre os termos e o sucesso. Aqui foram encontradas 4 associações de termos isolados e 7 associações com combinação de termos. Assim como o nível anterior, todas as associações possuem o *lift* superior a 1. Para os termos isolados, foi verificado:

i.   Com o termo "*site*", a chance do sucesso é 83,3% maior;

ii.   Com um cupom, a chance do sucesso é 83,3% maior;

iii. Com a marca, a chance do sucesso é 18,6% maior;

iv. Com o termo "valida", a chance do sucesso é 214,3% maior.

Com os termos combinados, foi notado:

a) O termo *"site"* em conjunto com o cupom resulta em uma chance de sucesso 156,7% maior. Já em conjunto com a marca, 125,6% maior. E, quando os 3 aparecem em conjunto, a chance de ter sucesso é 144,4% maior;

b) A marca em conjunto com um cupom resulta em uma chance de sucesso 71,1% maior;

c) O termo "valida" em conjunto com o *site* e/ou com a marca resulta em uma chance de sucesso 214,3% maior.

Neste nível de sucesso, a presença da marca no criativo apresenta o *lift* positivo e mais distante do 1, demonstrando uma crescente correlação da sua presença com o sucesso.

Do mesmo modo ocorrido no nível anterior, foi observado o aumento do *lift* do *site* em conjunto com o cupom. A associação com a marca, em conjunto com ambos, também resulta em um *lift* superior a cada um individualmente, porém inferior a apenas *site* e cupom associados.

Nesse nível, a associação do *site* com a marca também ocasiona o *lift* superior aos valores isoladamente. Porém, o mesmo não ocorre com a presença do cupom, onde o valor do *lift* isoladamente se mostrou superior.

Assim como foi reparado nos níveis anteriores, o termo "valida" mantém o *lift* quando associado à marca e *site*.

Foi analisado, também, a mudança de comportamento conforme os níveis de sucesso vão ficando mais exigentes. Como já abordado, os sucessos vão diminuindo conforme a régua do *CTR* avança, e isso se reflete na diminuição do *consequent support*, ou seja, quanto menos sucessos na base, menor o valor dessa métrica. Já para os termos, o responsável pela mudança no *lift* é o *confidence*, e, pela lógica, ao subir a exigência do sucesso, o *confidence* do termo se mantém constante, caso o termo esteja presente no mesmo número de sucessos, ou diminui, caso o termo esteja presente em menor quantidade de sucessos.

Assim, existem 3 cenários possíveis com o aumento da exigência do sucesso: eliminação do *antecedent*, caso o algoritmo não encontre associações relevantes para o termo; diminuição do *lift,* caso o *confidence* diminua em maior proporção quando comparado ao *consequent support;* aumento do *lift,* caso o *confidence* seja mantido ou diminua em menor proporção quando comparado ao *consequent support.*

O primeiro cenário foi verificado nas duas mudanças entre os níveis de sucesso. No primeiro nível o termo "novo" possuía sucesso em 6 das 8 presenças e caiu para 3 sucessos na evolução, causando a perda de relevância para a sua eliminação como *antecedent* no segundo nível. Na outra mudança, os termos "cidade" e "ganhar" também perderam relevância e foram eliminados nas regras de associação. O primeiro termo caiu de 9 para 3 sucessos nas 15 presenças, enquanto o segundo, mesmo não apresentando uma queda significativa em termos absolutos (de 5 para 4 sucessos), também não foi considerado em nenhuma associação.

No segundo cenário foi constatado apenas uma ocorrência. O termo "cidade" e as combinações nas quais está presente, na evolução do sucesso de 0,65% para 0,75% sofreram uma diminuição no valor do *lift,* resultado da diminuição do *confidence* em 25%, superior à diminuição do *consequent support* de 23,3%.

O terceiro cenário é o mais frequente, contemplando todos os termos com manutenção do *confidence* ou diminuição desse valor em uma proporção menor ao *consequent support* na primeira e na segunda evolução, 23,3% e 47,8% respectivamente. Em razão do *lift* ser resultado da divisão do *confidence* pelo *consequent support*, quanto menor a alteração no *confidence*, maior é o aumento do *lift* nas evoluções. Assim, destacam-se os termos "ganhar" e "válida": o primeiro manteve o *confidence* na primeira evolução e o segundo em ambas evoluções do sucesso.

Por fim, é evidente que os resultados deste trabalho vão de encontro aos trabalhos abordados inicialmente, em direção à crescente de aplicação de estatística e aprendizado de máquina para análise de peças criadas baseadas exclusivamente na criatividade das equipes envolvidas. A partir dos resultados, mostra-se indispensável a disseminação do impacto do criativo, motivando a coleta dos dados e a utilização do OCR e de novas tecnologias, como o aprendizado de máquina para o progressivo envolvimento da ciência de dados. Este trabalho também converge com a melhoria da eficácia da taxa de clique dos criativos tratado por Mishra et al. (2020) e a escalabilidade tratada por Vempati et al. (2019), em

virtude de ser um algoritmo com esse objetivo, replicável para diferentes segmentações, tanto de campanha quanto de mercado. Foram encontrados termos com forte correlação com o sucesso das campanhas, devendo ser incorporados por anúncios semelhantes, assim como proposto por Zhou et. Al (2020). Adicionalmente, os termos encontrados e as suas correlações permitem o entendimento cada vez maior do consumidor. Esses termos quando levantados, categorizados e disponibilizados são capazes de gerar soluções aplicáveis para diferentes pontos de contato, em concordância com Tan et al. (2016).

5 CONSIDERAÇÕES FINAIS

Os resultados obtidos estão abertos a diferentes tipos de interpretação, pois o objetivo deste trabalho é a identificação de termos associados a criativos com rendimento acima da média. Por isso, é necessário a análise dos fatores tanto individualmente quanto em conjunto. A construção do projeto se deu por intermédio do aumento da dificuldade em atingir o sucesso e, assim, os termos sobressalentes na análise são os destacados como relevantes nos diferentes níveis analisados. É notória a ligação entre os termos relevantes e os 4 P's do marketing: praça, preço, produto e promoção.

O termo "*site*" pode ser interpretado como a praça, pois se refere ao principal canal de vendas utilizado para as pessoas impactadas pelos anúncios, deixando clara a presença do serviço onde o público está. Já o termo "valida" é representativo de prazos relacionados a vantagens do consumidor diretamente ligadas ao preço. O termo "cupom" está relacionado ao produto, em razão de ser um impulsionador de vendas de um produto em específico. A marca, apesar do baixo *lift*, é responsável por tornar os produtos conhecidos e desejados através do seu diferencial, trazendo segurança para o consumidor e promovendo-a.

Assim, além do entendimento desses termos individualmente, as combinações entre eles podem e devem ser exploradas para gerar maior chance de sucesso, e assim entender a melhor forma de atingir as pessoas (considerado o quinto P do marketing) visando o consumo do produto.

É recomendado a realização de novos estudos com maiores bases de dados, para o crescimento da quantidade e complexidade das regras de associação entre os termos
e o sucesso. Além disso, é interessante a realização do estudo mesclando diferentes mercados para entender se existem termos universais relacionados com o sucesso dos criativos, independente do segmento de mercado analisado.

Este capítulo é uma grande ferramenta para levar análises concretas, baseadas em tecnologias e algoritmos para um campo majoritariamente guiado pela criatividade, fomentando o avanço conjunto entre as áreas.

6 REFERÊNCIAS

Agrawal, R.; Srikant, R. 1994. Fast algorithms for mining association rules. Proc. 20th int. conf. very large data bases, VLDB. Vol. 1215.

Aliaga, M. and Gunderson, B., 2002. Interactive statistics. Virginia. America: Pearson Education

American Marketing Association [AMA]. 2017. Definitions of Marketing. Disponível em: <https://www.ama.org/the-definition-of-marketing-what-is-marketing/>. Acesso em 12 abr. 2023.

Bala, M.; Verma, D. 2018. A Critical Review of Digital Marketing. International Journal of Management, IT & Engineering 8.10: 321-339.

Braverman, S. 2015. Global review of data-driven marketing and advertising. Journal of Direct, Data and Digital Marketing Practice, 16(3): 181-183.

Carl Manci. 2017. Perspectivas: Quer um anúncio bem sucedido? Seja criativo. Disponível em: <https://www.nielsen.com/pt/insights/2017/perspectives-want-a-successful-ad-get-creative/>. Acesso em 04 mar. 2023.

Chandra, S.; Sisodia, S.; Gupta, P. 2020. Optical character recognition-A review. International Research Journal of Engineering and Technology (IRJET) 7.4: 3037-3041.

Chaudhuri A.; Mandaviya K.; Badelia P.; Ghosh S. K. 2017. Optical Character Recognition Systems for Different Languagens with Soft Computing. Springer International Publishing.

Fleury, M. T. L.; Werlang, S. R. C. 2016. Pesquisa aplicada: conceitos e abordagens. Anuário de Pesquisa GVPesquisa.

Goswami, R.; Sharma, O. P. 2013. A review on character recognition techniques. International Journal of Computer Applications, v. 83, n. 7.

Han, J.; Pei, J.; Tong, H. 2012. Data mining: concepts and techniques - 3 ed. Morgan Kaufmann.

Hemann, C.; Burbary, K. 2018. Digital Marketing Analytics: Making Sense of Consumer Data in a Digital World. Pearson Education.

Hwang S.; Yang W. 2008. Discovering Generalized Profile-Association Rules for the Targeted Advertising of New Products. INFORMS Journal on Computing 20(1):34-45.

Joshi, A.; & Sodhi, J. S. 2014. Target advertising via association rule mining. International Journal, 2(5): 256-261.

Kae A.; Kan K.; Narayanan V. K.; Yankov D. 2011. Categorization of display ads using image and landing page features. Proceedings of the Third Workshop on Large Scale Data Mining: Theory and Applications: 1-8.

Kannan, P. K. 2017. Digital marketing: A framework, review and research agenda. International journal of research in marketing, 34(1): 22-45.

Kotler, P., Keller, K. L. 2018. Administração de marketing - 15 ed. São Paulo: Pearson Education do Brasil.

Kotsiantis, S.; Kanellopoulos, D. 2006. Association rules mining: A recent overview. GESTS International Transactions on Computer Science and Engineering 32.1: 71-82.

Lakatos, E. M.; Marconi, M. de A. 2007. Fundamentos de metodologia científica. 5. reimp. São Paulo: Atlas, v. 310.

Memon, J.; Sami M.; Khan R. A.; Uddin M. 2020. Handwritten Optical Character Recognition (OCR): A Comprehensive Systematic Literature Review (SLR). IEEE Access 8: 142642-142668.

Mishra, S.; Verma, M.; Zhou, Y.; Thadani, K.; Wang, W. 2020. Learning to create better ads: Generation and ranking approaches for ad creative refinement. In Proceedings of the 29th ACM International Conference on Information & Knowledge Management: 2653-2660.

Mujianto, A. H.; Mashuri, C.; Andriani, A.; Jayanti, F. D. 2019. Consumer customs analysis using the association rule and apriori algorithm for determining sales strategies in retail central. E3S Web of Conferences. EDP Sciences: 23003.

Pytesseract: Versão 0.3.10, 2022. Disponível em: <https://pypi.org/project/pytesseract/.> Acesso em 15 fev. 2023.

Rogers, D.; Sexton, D. 2012. Marketing ROI in the era of big data. The 2012 BRITENYAMA marketing in transition study: 1-17.

Rosenbrock, A. 2016. Practical Python and OpenCV: An Introductory, Example Driven Guide to Image Processing and Computer Vision 3rd Edition.

Saura Lacárcel, J. R.; Palos Sánchez, P. R.; Cerdá Suárez, L. M. 2017. Understanding the digital marketing environment with KPIs and web analytics. Future Internet, 9(4): 76.

Tan, P.; Steinbach, M.; Kumar, V. 2016. Introduction to data mining. Pearson Education India,
Vaibhava, D. 2019. Digital marketing: A review. International Journal of Trend in Scientific Research and Development 5.5: 196-200.

Vempati, S.; Malayil, K.; Sruthi, V.; Repakula, S. 2019. Enabling Hyper-Personalisation: Automated Ad Creative Generation and Ranking for Fashion e-Commerce. Fashion Recommender Systems. Springer International Publishing: 25-48.

Zhou, Y.; Mishra, S.; Verma, M.; Bhamidipati, N.; Wang, W. 2020. Recommending themes for ad creative design via visual-linguistic representations. In Proceedings of The Web Conference 2020: 2521-2527.

CAPÍTULO 7 | GESTÃO DE ATIVOS DE CRIPTOMOEDAS UTILIZANDO A TÉCNICA *CROSSOVER* DE MÉDIAS MÓVEIS

Fabiana Behrendt Pereira Fernandes Tiago

Jorge Costa Silva Filho

RESUMO

O objetivo deste capítulo é aplicar médias móveis para gerar sinais de compra e venda das principais criptomoedas, utilizando o método crossover, a fim de maximizar lucros e reduzir riscos. O contexto envolve o rápido crescimento e popularização das criptomoedas, impulsionado pela perda de confiança no sistema financeiro tradicional após a crise de 2008. A questão problematizadora é: como otimizar retornos no mercado volátil de criptomoedas utilizando estratégias baseadas em médias móveis? A justificativa reside na necessidade de métodos eficazes de gestão de risco em um mercado recente e volátil como o de cripto-ativos. A metodologia envolveu a aplicação de médias móveis amplamente usadas no mercado financeiro tradicional, comparando a performance dessas estratégias com a estratégia Buy and Hold. O referencial teórico baseia-se em métodos técnicos de análise de ativos financeiros e estratégias de negociação. Os resultados indicam que, embora não haja uma combinação única de médias móveis ideal para todas as criptomoedas, o método de crossover foi mais eficiente na otimização de retornos em comparação à estratégia Buy and Hold. Nas considerações finais, conclui-se que o crossover é uma estratégia viável para aumentar a eficiência de negociações no mercado de criptomoedas.

Palavras-chave: CRIPTOMOEDAS. MÉDIAS MÓVEIS. MERCADO FINANCEIRO. CROSSOVER. TRADING.

1 INTRODUÇÃO

Nos últimos anos, as criptomoedas se popularizaram como um novo tipo de ativo negociável, com origem presumivelmente relacionada à crise financeira global de 2008, a qual, segundo Trúcios et al. (2019), abalou a confiança do mercado no sistema monetário tradicional. De acordo com Lemos (2018), isso levou os investidores a enxergarem as criptomoedas como uma alternativa segura em meio às turbulências financeiras porque não são controladas por governos, bancos ou outras organizações.

Essa independência das criptomoedas em relação às instituições é possível devido à tecnologia chamada *Blockchain*, que permite transações seguras sem a necessidade de intermediários confiáveis como bancos ou governo (Wu et al., 2021). Além disso, as transações são irreversíveis e registradas em uma cadeia de blocos de forma cronológica, transparente e acessível ao público. A *Blockchain* foi originalmente desenvolvida para permitir a criação da primeira criptomoeda, o *Bitcoin* (Ju et al., 2022).

Liu e Serletis (2019) relata que após o lançamento do *Bitcoin*, muitas outras criptomoedas foram desenvolvidas e a popularidade desses ativos cresceu rapidamente, saindo de uma capitalização de mercado total de aproximadamente 18 bilhões de dólares em janeiro de 2017 para um valor de 599 bilhões de dólares em janeiro de 2018; e chegando a 2,6 trilhões de dólares em abril de 2024. Entretanto, Liu e Serletis (2019) alertam que apesar do rápido crescimento, o mercado ainda é recente e pouco explorado, tornando importante compreender seu funcionamento para uma gestão de risco adequada diante da volatilidade.

No mercado financeiro tradicional são aplicas inúmeras técnicas para entender dinâmicas e tendencias de negociação de ativos e, de acordo com Murphy (2021), os indicadores de médias móveis são amplamente utilizados devido à sua versatilidade e por serem facilmente quantificáveis e testáveis para fornecer sinais específicos de compra e venda, permitindo a otimização de lucros e redução de prejuízos.

Conforme explicado por Murphy (2021), a média móvel é um indicador de análise técnica e foi desenvolvida para informar o início ou o fim de uma tendência de preços, ou seja, a média móvel não prediz preços futuros, mas indica, com uma defasagem de tempo, se uma tendência de alta, neutra ou baixa foi alterada. Murphy (2021), também explica que uma média móvel leva em consideração, na maior parte das vezes, o preço de fechamento dos ativos, e considera o valor mais recente até *n* períodos para trás. A cada novo fechamento, o valor de fechamento mais antigo é retirado do cálculo e substituído pelo valor de fechamento mais recente, caracterizando o termo "móvel" da média. Para realizar o cálculo da média móvel é necessário que os *n* períodos estejam completos, por exemplo, se um período corresponde a um dia, para calcular a média de 5 períodos é necessário esperar 5 dias até ser possível calcular o primeiro ponto da média móvel. A Tabela 1 ilustra como a média é calculada com base nos preços de fechamento de cada período.

Outro aspecto importante sobre as médias móveis se deve a suavização dos dados dos preços, pois elas ajudam a "filtrar" os ruídos de oscilações mais fortes permitindo compreender o comportamento do preço de um ativo. Uma média móvel ascendente indica um aumento nos preços, já uma média móvel descendente indica queda no valor da cotação. Além disso, médias mais curtas são usadas para observar tendências de curto prazo e médias mais longas para identificar tendências de longo prazo, a escolha dependerá dos objetivos individuais de investimento.

Tabela 1. Médias Móveis calculadas para dois, cinco e oito períodos

Períodos	Valores	Média Móvel Simples - dois períodos	Média Móvel Simples - cinco períodos	Média Móvel Simples - oito períodos
1	2,00			
2	4,00	3,00		
3	6,00	5,00		
4	5,00	5,50		
5	8,00	6,50	5,00	
6	10,00	9,00	6,60	
7	15,00	12,50	8,80	
8	11,00	13,00	9,80	7,63
9	9,00	10,00	10,60	8,50
10	5,00	7,00	10,00	8,63
11	7,00	6,00	9,40	8,75
12	11,00	9,00	8,60	9,50
13	12,00	11,50	8,80	10,00
14	12,50	12,25	9,50	10,31
15	12,00	12,25	10,90	9,94
16	11,00	11,50	11,70	9,94
17	9,00	10,00	11,30	9,94
18	13,00	11,00	11,50	10,94
19	15,00	14,00	12,00	11,94
20	16,00	15,50	12,80	12,56
21	14.00	15.00	13.40	12.81

Fonte: Autora

1.1 Objetivo Geral

O presente capítulo tem como objetivo avaliar a eficácia das médias móveis simples para a gestão de ativos digitais a partir de sinais de compra ou venda por meio da identificação de tendências do mercado.

1.2 Objetivo específico

a) Avaliar a eficácia do método de médias móveis crossover na geração de sinais de compra e venda no mercado de criptomoedas;
b) Comparar a performance da estratégia de crossover com a estratégia *Buy and Hold*, visando mensurar; otimização de retornos e a redução de riscos.
c) Identificar as combinações de médias móveis mais eficientes para diferentes criptomoedas, analisando seu impacto na maximização de lucros.

1.3 Questão problematizadora

Norteia este capítulo a seguinte questão; de que maneira estratégias baseadas em médias móveis podem ser aplicadas para otimizar os retornos no volátil mercado de criptomoedas?

2 METODOLOGIA

Face ao exposto, o tema da pesquisa é classificado como uma abordagem quantitativa, com objetivo descritivo e procedimento metodológico bibliográfico. Para Tanaka e

Melo (2001) a pesquisa com abordagem quantitativa busca descrever o objeto de forma clara e estruturada utilizando-se de dados quantitativos, com técnicas de análise dedutivas e orientadas pelos resultados. No que se refere ao objetivo é dita descritiva porque, segundo Gil (2022), a pesquisa descritiva possui o propósito de identificar relações entre as variáveis e proporcionar uma nova visão sobre o tema. Quanto ao caráter, é dito bibliográfico pois envolve a revisão da literatura sobre o uso de técnicas e aplicação de conceitos com base em material já publicado (Gil; 2022).

Os dados utilizados foram coletados a partir de uma base de dados do Kaggle para um período de 60 meses a começar de janeiro de 2018 até dezembro de 2022. As criptomoedas selecionadas para análise foram o *Bitcoin (BTC), Ethereum (ETH), TRON (TRX), Ripple (XRP), Binance Coin (BNB), Cardano (ADA), Dogecoin (DOGE), Litecoin (LTC)* e *Polkadot(DOT)* devido à popularidade, capital de mercado e liquidez. As informações recolhidas

incluem o preço de fechamento diário, a data para cada uma das criptomoedas selecionadas e a moeda. A tabela 2 mostra os atributos presentes na base de dados extraída do *kaggle* e recolhidos do site investing.com.

Tabela 2. Base de dados coletada para análise

Date	A data do preço da criptomoeda
Type	Identifica qual a criptomoeda
Close	O preço de fechamento diário da criptomoeda

Fonte: Autora

O capítulo considerou o método descrito por Murphy (2021) que consiste na combinação de médias móveis de curto e longo prazo para indicar sinal de compra ou venda. Quando a média móvel de curto prazo cruza acima da média móvel de longo prazo, é gerado um sinal de compra; e quando a média móvel de curto prazo cruza abaixo da média móvel de longo prazo, é gerado um sinal de venda, essa técnica é conhecida como *crossover* e pode ser observada na Figura 1. Segundo Murphy (2021), as médias móveis mais utilizadas no mercado de ações são as médias de 10 e 50 dias e 5 e 20 dias; e para os mercados futuros são as médias de 4 e 9, 9 e 18, e 10 e 40 dias. O objetivo foi aplicar as médias mais utilizadas nos mercados tradicionais no mercado de criptomoedas para gerar sinais

de entrada e saída a fim de identificar quais combinações oferecerem os melhores resultados e se essas médias são adequadas para este mercado. Em contrapartida, também foram calculados os sinais de compra e venda quando há confirmação de sinal com o propósito de identificar se a confirmação de sinal reduz riscos e oferece melhores resultados se comparado com o método de crossover simples. Com a finalidade de exemplificação, os dois métodos são apresentados na Tabela 3.

Figura 1. Exemplo Gráfico do método *crossover*

Fonte: Murphy (2021)

Tabela 3. Esquematização do funcionamento das técnicas de crossover simples e crossover com confirmação.

Sinal	Crossover simples	Crossover com confirmação
Compra	Compra	
Compra		Compra
Compra		
Venda	Venda	
Venda		Venda
Compra	Compra	
Compra		Compra
Compra		
Compra		
Venda	Venda	
Compra	Compra	
Venda	Venda	
Compra	Compra	
Compra		

Fonte: Autora

Para qualificar a performance das técnicas de crossover foi analisado o *Return on Investiment* (ROI), conhecido como retorno sobre o investimento, que mostra quanto um investidor ganhou ou perdeu com a aplicação de um capital. A representação matemática do ROI é apresentada na eq. (1).

$$ROI = \frac{Capitall\ final - Capital\ inicial}{Capital\ inicial} * 100 \quad (1)$$

Para a média móvel foi utilizada a fórmula da média móvel simples (SMA) descrita da eq. (2)

$$SMA\ (t, n) = \frac{1}{n} \sum_{i=0}^{n-1} P_{t-i} \quad (2)$$

onde, $SMA\ (t,n)$ é o valor da média móvel simples no ponto t, com t variando de 0 a n-1, sendo n igual ao número de valores da função inicial usados para calcular a média móvel e P_{t-i} é o valor da função inicial no ponto t-i.

Neste contexto, escolheu-se trabalhar com a média móvel simples, porque, de acordo com Murphy (2021), apesar da crescente popularização das médias móveis exponenciais, não há evidencias que elas sejam superiores às médias móveis simples.

Além dos métodos selecionados e do enfoque financeiro adotado, a inclusão de tecnologias de análise e programação, como o Python e suas bibliotecas, foi essencial para o desenvolvimento das análises. Trabalhar com grandes volumes de dados pode ser desafiador sem as ferramentas adequadas. Nesse contexto, a programação e da ciência de dados, aliadas às técnicas financeiras, desempenham papel crucial ao simplificar e operacionalizar essas análises, facilitando a obtenção de resultados que contribuem para conclusões bem fundamentadas. A ciência de dados e a análise de dados
possibilitam o estabelecimento de funções e modelos que ajudam não apenas na obtenção de resultados, mas também na extrapolação de cenários simples para casos mais complexos, além de viabilizar o emprego de técnicas confiáveis para lidar com grandes volumes de dados.

3 RESULTADOS E DISCUSSÕES

Para realizar a análise dos dados e avaliar o resultado das combinações das médias móveis foram utilizadas a linguagem de programação *Python* e suas bibliotecas para análise de dados Pandas, *Numpy* e *Matplotlib*. A construção do código foi realizada em três etapas principais, sendo que a primeira etapa consistiu na criação de uma função para a implementação da estratégia de negociação baseada em médias móveis, onde foi definido o intervalo de datas para a análise, o capital inicial e as médias móveis desejadas; com essas informações a função calculou as médias móveis curtas e longas, criou os sinais de negociação e gerou as posições de negociação com base nas mudanças de sinais, ou seja, quando o sinal mudou, gerou uma ordem de compra ou venda. Em seguida a função simulou a estratégia de negociação iterando sobre a base de dados linha a linha e quando encontrou um sinal

de compra foi calculada quantas moedas se podia comprar com o capital disponível. Posteriormente, quando encontrou um sinal de venda, calculou quanto capital ganharia com a venda de todas as moedas e atualiza a variável quantidade de moedas e capital final. A segunda etapa usa a função criada na etapa anterior para analisar a estratégia de negociação para as moedas selecionadas.

Primeiro foi criada uma base de dados vazia para armazenar os resultados da análise, em seguida a função passa por cada moeda e analisa a estratégia de negociação usando a função da etapa um. Após obter o capital inicial e final de cada moeda, calculou a diferença de capital e o retorno sobre o investimento (ROI) e em seguida os resultados de cada moeda foram anexados na base de dados.

Para a análise do método crossover com confirmação as funções são semelhantes, diferindo apenas na etapa de criação dos sinais de compra e venda. Quando há inversão de sinal, esse sinal deve ser confirmado no dia seguinte para que seja realizada a operação de compra ou venda. A confirmação das operações foi incluída como um mecanismo adicional para aumentar a robustez da estratégia onde as operações de compra e venda são realizadas apenas quando há confirmação de um sinal idêntico em dois dias consecutivos. O objetivo principal de utilizar a confirmação é mitigar o risco de reagir a sinais falsos, muito comuns no mercado de capitais e criptomoedas. Assim como citado anteriormente, ao simular cada operação, pode-se avaliar se as operações estão sendo realizadas corretamente, o que torna possível a análise quantitativa da eficácia da estratégia desenvolvida.

A Figura 2 mostra o conjunto de operações de compra e venda ao simular a estratégia para o Bitcoin, e nela se pode observar o preço de fechamento, a média móvel de curto prazo, a média móvel de longo prazo e os sinais de compra e venda. Os sinais de compra estão denotados por uma flecha verde, e os de venda por uma flecha vermelha. Na Figura 2, é possível ver que em um período com menor volatilidade como, por exemplo, de 2018 a 2020, a quantidade de operações é maior quando comparamos ao período de 2021 e 2022, onde há uma tendência de alta mais agressiva.

Figura 2: Conjunto de operações com sinais de compra e venda para o Bitcoin

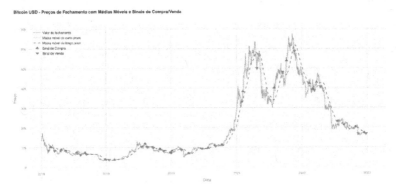

Fonte: Autora

Ao concluir a implementação do código contendo as funções necessárias, também foram realizados diferentes testes para garantir a qualidade da análise como, por exemplo, avaliar operações de criptomoedas diferentes, e comparar os seus resultados. Além da estratégia desenvolvida em *Python* para testar o *crossover* das médias móveis, também foram exploradas diferentes soluções de visualizações como, por exemplo, as bibliotecas *Matplotlib*, *Plotly* e *Streamlit*. A última, *Streamlit*, foi especialmente útil para construir um protótipo onde é possível interagir com os dados ao escolher o ativo e as médias móveis para obter automaticamente um gráfico com todas as simulações de compra e venda realizadas em um

dado período. A Figura 3 mostra um exemplo de um output da plataforma gráfica desenvolvida, onde se pode observar as médias móveis, o preço de fechamento, e os sinais de compra e venda. O principal objetivo de desenvolver a plataforma gráfica, foi facilitar a experimentação e análise de diferentes combinações de médias por criptomoeda. Além de ser possível também, verificar o resultado consolidado abaixo do gráfico por criptomoeda. Além da plotagem gráfica de todo o período analisado, existe a possibilidade de interagir com o gráfico, permitindo a aproximação ou afastamento de um período específico para melhor visualização e validação dos indicadores, como é mostrado na Figura 4.

Figura 3: Plataforma gráfica desenvolvida para validar dados e visualizar resultados

Figura 4: Gráfico da plataforma de visualização de resultados com aproximação

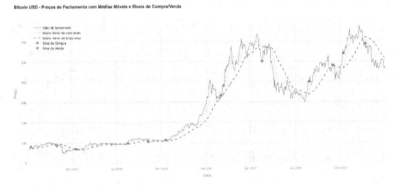

Além das estratégias de *crossover* simples e *crossover* com confirmação, também foi avaliada a estratégia de *Buy and Hold* onde a compra de um ativo e

mantido na carteira por tempo indeterminado. Essa estratégia é voltada ao longo prazo, mantendo o ativo em carteira mesmo diante de quedas ou volatilidades do mercado. Por um lado, a estratégia de *Buy and Hold* é mais simples e necessita de menor atenção do investidor aos ruídos do mercado, no entanto, por ser mais simples, também há menor potencial para realizar adaptações conforme é feito ao utilizar a técnica de *crossover*.

Realizar a implementação das técnicas em *Python* traz inúmeros benefícios como, por exemplo, a automatização de análises por intermédio da criação de um processo a ser executado conforme necessário. Além disso, existe também a possibilidade de assinar serviços online para capturar os preços em tempo real e, com isso, realizar operações com maior tempestividade. Porém, também há desvantagens como, por exemplo, a latência para receber os preços nunca será a mesma se comparada com plataformas específicas de *trading*. Neste trabalho não foi necessário obter o preço em tempo real para realizar as operações de simulação de compra e venda, no entanto, caso a estratégia utilizasse o valor atual da criptomoeda ao invés do valor de fechamento, seria necessário obter os valores de maneira mais tempestiva e, portanto, realizar as operações conforme a atualização dos preços.

Conforme discutido, foi aplicada a técnica de *crossover* simples e *crossover* com confirmação para as médias móveis de 10 e 50, 5 e 20, 4 e 9, 9 e 18 e, 10 e 40 dias no período de 01 de janeiro de 2018 até 31 de dezembro de 2022. Os resultados obtidos pelo método *crossover* simples são mostrados na Tabela 4.

Tabela 4. ROI por combinação de médias móveis e criptomoeda pelo método de crossover simples (01/01/2018 a 31/12/2022)

Médias Móveis	Bitcoin	BNB	Cardano	Dogecoin	Ethereum	Litecoin	Polkadot	TRON	XRP
					%				
10x40	420	9.806	2.936	2.436	1.138	49	- 11	473	50
10x50	164	5.766	3.521	3.670	448	406	- 47	558	- 32
4x9	81	514	19	2.145	209	71	- 64	273	98
5x20	263	4.244	911	1.920	706	540	91	98	70
9x18	163	3.672	1.980	2.160	1.455	108	- 33	119	59

Fonte: Autora

Dos dados apresentados na Tabela 4, e analisando os resultados por moeda, o Bitcoin e a *BNB* apresentaram melhores resultados para as médias de 10 x 40, com um retorno de 420% para o Bitcoin e de 9806% para a *BNB*. Tendo em conta as moedas *Cardano* e *Dogecoin*, essas apresentaram resultados superiores para as médias 10 x 50, onde a *Cardano* teve ganho de 3521% em relação ao investimento inicial e a *Dogecoin* entregou um ganho de 3669%. Considerando a moeda *XRP*, essa exibiu maior ganho para as médias 4 x 9, com um retorno de 98%. Já as moedas *Litecoin* e *Polkadot* tiveram melhor resultado para as médias 5 x 20, com um retorno de 539% e 91% respectivamente. E, por fim, o *Ethereum* apresentou melhor resultado para as médias 9 x 18, atingindo um retorno de 1454%. Em resumo, todas as combinações de médias Móveis utilizadas, que são comumente empregadas no mercado de ações e mercado futuro, foram relevantes para maximizar os ganhos em uma moeda específica. Contudo, não foi identificada uma média comum capaz de maximizar os ganhos para todas as criptomoedas analisadas utilizando o método de *crossover* simples.

Os resultados da técnica de *crossover* com confirmação de sinal são apresentados na Tabela 5

Tabela 5. ROI por combinação de médias móveis e criptomoeda pelo método de *crossover* com confirmação (01/01/2018 a 31/12/2022)

Médias Móveis	Bitcoin	BNB	Cardano	Dogecoin	Ethereum	Litecoin	Polkadot	TRON	XRP
					%				
10x40	447	15177	2713	2074	897	63	2	231	27
10x50	141	6412	2380	3032	539	226	- 55	817	- 41
4x9	41	368	13	932	152	125	- 76	79	114
5x20	108	5988	796	2669	442	504	- 8	133	150
9x18	214	6334	1674	2556	1612	197	- 33	112	61

Fonte: Autora

Tendo em vista o método de crossover com confirmação e o desempenho por cada conjunto de médias, as moedas *Bitcoin, BNB, Cardano e Polkadot* apresentaram resultados superiores para as médias de 10 x 40, com retorno de 447%, 15176%, 2713% e 2% respectivamente. Já as moedas *Dogecoin* e *TRON*, tiveram maior retorno para as médias de 10 x 50, onde a *Dogecoin* teve um retorno de 2032% e a TRON 817%. Já a *Litecoin* e a *XRP* mostraram resultados superiores para as médias 5 x 20, com retornos de 504% e 149% nesta ordem. Enquanto o *Ethereum* obteve melhor desempenho para as médias 9 x 18, com retorno de 1612%. Levando em conta as médias 4 x 9, essas não tiveram maior retorno para nenhuma das criptomoedas consideradas neste trabalho e, assim com o método de *crossover* simples, o método de *crossover* com confirmação não foi apto para gerar uma combinação de médias capaz de maximizar o ganho para todas as moedas.

Comparando os resultados obtidos nas duas estratégias e com o intuito de avaliar se apresentaram consistência nos resultados levando em conta a combinação de médias e criptomoedas com melhores resultados, pode-se notar melhor desempenho da média 10 x 40 para o *Bitcoin* e *BNB* nos dois métodos explorados; enquanto a média 10 x 50 se manteve consistente nas duas estratégias apenas para a *Dogecoin*; já a média 5 x 20 permaneceu como a melhor combinação somente para a

Litcoin. O restante das médias não apresentou consistência entre resultados nos dois métodos.

Ainda com o propósito de avaliar os resultados do método de *crossover* com confirmação e *crossover* simples, foi gerada uma tabela de comparação dos resultados entre os dois métodos. Quando a tabela apresenta valor igual a 1, significa maior eficiência do método de *crossover* com confirmação em relação ao método de *crossover* simples e, quando apresenta valor igual a 0, indica menor eficiência do método de *crossover* com confirmação se comparado ao de *crossover* simples. O resultado pode ser observado na Tabela 6.

Tabela 6. Indicador de eficiência do método *crossover* com confirmação sobre o método de *crossover* simples

Médias Móveis	Bitcoin	BNB	Cardano	Dogecoin	Ethereum	Litecoin	Polkadot	TRON	XRP
10x40	1	1	0	0	0	1	1	0	0
10x50	0	1	0	0	1	0	0	1	0
4x9	0	0	0	0	0	1	0	0	1
5x20	0	1	0	1	0	0	0	1	1
9x18	1	1	0	1	1	1	1	0	1

Fonte: Autora

Ao analisar os valores da Tabela 6 foi possível concluir que das 45 combinações de médias e moedas analisadas, o método de *crossover* com confirmação foi superior em 20 dos casos, ou seja, o método de *crossover* foi capaz de melhorar o retorno do método de *crossover* simples em menos de 50% dos testes realizados. Entretanto, ao comparar a média geral de retorno considerando todos os testes realizados, temos que o método de *crossover* simples apresentou um retorno de 1192% contra 1322% do método de *crossover* com confirmação, como pode ser analisado na Tabela 7. Isso indica o método de *crossover* como incapaz de maximizar o retorno em número de médias, mas foi capaz em maximizar o retorno sobre o investimento total quando consideramos o resultado global. Contudo, esse valor de retorno no método de *crossover* com confirmação foi impulsionado pelos resultados obtidos na *BNB*, que foram significativamente superiores neste método. Com o resultado da *BNB* excluído da análise, o retorno total por método é de 791% para o método de *crossover* simples e 693% para o método de *crossover* com confirmação

Tabela 7. ROI média por criptomoedas para as estratégias de crossover sem confirmação e com confirmação

Estratégia	Bitcoin	BNB	Cardano	Dogecoin	Ethereum	Litecoin	Polkadot	TRON	XRP	Média Total
Crossover sem confirmação	218	4.801	1.873	2.466	791	235	- 13	304	49	1.192
Crossover com confirmação	184	6.986	1.476	2.174	508	230	- 34	315	62	1.322

Fonte: Autora

Além dos retornos obtidos por cada combinação de médias e criptomoedas, também foram avaliadas as quantidades de transações geradas em cada método. Como pode ser observado nas Tabela 8 e Tabela 9, as quantidades totais de transações para o método de *crossover* simples foram maiores se comparado ao método de *crossover* com confirmação. Este resultado já era esperado porque o método de *crossover* com confirmação tem como objetivo evitar a entrada em sinais falsos, sendo o sinal criado apenas quando há confirmação de tendência. As diferenças em quantidades de compras realizadas variam de 7% a 14%. Moedas como *Ethereum* e *Litecoin* tiveram 7% a mais de compras no método *crossover* com confirmação se comparado ao método de *crossover* simples, já a *Polkadot* apresentou maior variação, chegando a 14% se comparando os dois métodos. Para as vendas aplica-se as mesmas conclusões observadas nas transações de compras. Entretanto é importante destacar que as médias com maior diferença de números de compras e vendas entre os dois métodos foi a média 4 x 9, a média mais curta aplicada neste trabalho. As médias menores são mais sensíveis aos preços e, por isso, geram sinais mais rapidamente. O método de confirmação foi utilizado justamente para evitar a criação de sinais falsos, entretanto, mesmo com o objetivo de minimizar entradas falsas por meio da confirmação, a média 4 x 9 obteve melhores resultados no método de crossover simples para a maior parte das moedas consideradas neste trabalho. O método de *crossover* com confirmação conseguiu melhorar o resultado da média 9 x 18 para 7 das 9 moedas analisadas, seguido das médias 5 x 20 e 10 x 40, otimizando o resultado para 4 das 9 moedas analisadas em relação ao método de *crossover* simples.

Além das médias móveis, também foi calculado o ROI para a estratégia de *Buy and Hold*, que consiste na compra de uma determinada quantidade de moedas no início do período da análise sem a realização de nenhuma operação até o fim desse período, com o intuito de comparar a eficácia dessa estratégia com as abordagens de crossover. Os resultados para a estratégia *Buy and Hold* estão apresentados na Tabela 10, e pode-se observar pouca eficiência da estratégia na maximização dos lucros sobre o investimento.

Tabela 8. Quantidade de transações no método de *crossover* simples

	Bitcoin	BNB	Cardano	Dogecoin	Ethereum	Litecoin	Polkadot	TRON	XRP
Soma de Quantidade Compra									
10 x 40	23	21	25	24	23	25	8	25	23
10 x 50	22	19	16	19	20	19	9	21	23
4 x 9	116	119	107	104	109	109	45	118	115
5 x 20	51	50	44	49	48	44	21	55	48
9 x 18	51	51	46	50	49	48	22	53	53
Soma de Quantidade Venda									
10 x 40	23	21	25	24	23	25	8	24	23
10 x 50	22	19	16	19	20	19	9	20	23
4 x 9	116	118	107	104	109	108	45	118	114
5 x 20	51	50	44	49	48	44	21	55	48
9 x 18	51	51	46	50	49	48	22	52	53
Total Soma de Quantidade Compra	263	260	238	246	249	245	105	272	262
Total Soma de Quantidade Venda	263	259	238	246	249	244	105	269	261

Fonte: Autora

Tabela 9. Quantidade de transações no método de crossover com confirmação

	Bitcoin	BNB	Cardano	Dogecoin	Ethereum	Litecoin	Polkadot	TRON	XRP
Soma de Quantidade compra									
10 x 40	22	21	22	24	23	25	8	25	23
10 x 50	21	18	16	19	17	19	8	19	22
4 x 9	101	106	93	88	100	98	39	102	93
5 x 20	48	46	42	44	47	42	18	46	46
9 x 18	50	47	42	45	45	45	19	50	50
Soma de Quantidade de venda									
10 x 40	22	21	22	24	23	25	8	24	23
10 x 50	21	18	16	19	17	19	8	18	22
4 x 9	101	105	93	88	100	97	39	102	92
5 x 20	48	46	42	44	47	42	18	46	46
9 x 18	50	47	42	45	45	45	19	49	50
Total Soma de Quantidade compra	242	238	215	220	232	229	92	242	234
Total Soma de Quantidade de venda	242	237	215	220	232	228	92	239	233

Fonte: Autora

Quando comparada com os métodos de *crossover*, tanto simples quanto com confirmação, a estratégia *Buy and Hold* apresentou resultados muito inferiores e, em alguns casos, perdas no capital investido. Essa abordagem não oferece pontos de saída nem oportunidades de proteção de capital, tema especialmente importante em um mercado alta volatilidade como o das criptomoedas.

Tabela 10. ROI pelo método *Buy and Hold*

Estratégia	Bitcoin	BNB	Cardano	Dogecoin	Ethereum	Litecoin	Polkadot	TRON	XRP
Buy and Hold	21	2828	-66	689	55	-69	48	5	-86

Fonte: Autora

Brown e Pelosi (2018) publicaram na revista *Economics, Commerce and Trade Management* um artigo com abordagem semelhante, em que aplicaram a metodologia das médias móveis simples no mercado de criptomoedas e a comparou com a estratégia *Buy and Hold*. Brown e Pelosi acompanharam 40 criptomoedas e utilizaram as médias móveis 1 x 50, 1 x 150, 1 x 200, 2 x 200 e 5 x 200 dias; o período de análise abrangeu todos os preços de fecho do dia disponíveis até 19 de abril de 2018.

Os resultados encontrados por Brown e Pelosi (2018) foram divididos em três grupos: criptomoedas sem dados suficientes para a análise; casos em que a média móvel é superior a estratégia de *Buy and Hold* e casos em que a média móvel possui resultado inferior a estratégia de *Buy and Hold*. Os resultados publicados são bastante diferentes dos resultados apresentados nesta seção e podem ser observados na Tabela 11. Para o período de análise e médias consideradas, Brown e Pelosi (2018) mostraram que, das criptomoedas empregadas neste trabalho, a BNB enquadra-se na categoria sem dados suficientes para a análise, enquanto o BTC, ADA, ETH, XRP, TRX e DOGE apresentaram os melhores resultados para a estratégia *Buy and Hold*, sendo apenas o *LTC* que teve melhores resultados com estratégia de medias móveis.

Tabela 11: Comparação resultados Brown e Pelosi (2018) com resultados deste trabalho

Criptomoeda	Resultado Brown e Pelosi (2018)	Resultado deste trabalho
BNB	Não havia dados suficientes	Médias móveis
BTC	Buy and Hold	Médias móveis
ADA	Buy and Hold	Médias móveis
ETH	Buy and Hold	Médias móveis
TRX	Buy and Hold	Médias móveis
XRP	Buy and Hold	Médias móveis
DOGE	Buy and Hold	Médias móveis
LTC	Médias móveis	Médias móveis

Fonte: Brown e Pelosi (2018) e resultados originais da pesquisa

A diferença de resultados entre o trabalho de Brown e Pelosi (2018) com este trabalho estão relacionadas, principalmente, ao período analisado. A janela temporal de análise de Brown e Pelosi (2018) consiste em um momento de forte popularização das criptomoedas e um grande aumento nos valores comercializados, atingindo a máxima histórica até aquele momento. O crescimento constante no valor das criptomoedas naquele período favoreceu a estratégia de longo prazo (*Buy and Hold*), porque não produz operações sucessivas e evita entradas e saídas em sinais com rápida reversão, evitando perdas desnecessárias em um mercado de alta. Entretanto, no período posterior ao estudo de Brown e Pelosi (2018) os valores das criptomoedas passaram por uma forte queda, o que poderia trazer conclusões diferentes às publicadas, pois a estratégia das médias móveis busca prever também cenários de queda. Em complemento, as médias móveis utilizadas por Brown e Pelosi (2018) foram médias diferentes das médias aplicadas neste trabalho, sendo as médias curtas mais curtas (1 e 2 dias) e médias longas mais longas (50, 150 e 200 dias).

Outro artigo com abordagem equivalente foi desenvolvido por Corbet et al (2019) também utilizando a metodologia das médias móvel para criar sinais de compra e venda no mercado de criptomoedas e a comparou com a estratégia *Buy and Hold*, os resultados podem ser analisados na tabela 12. O período analisado por Corbet et al (2019) contempla dados de fecho ao minuto entre janeiro de 2014 e junho de 2018 e utiliza médias de curtíssimo prazo compreendidas entre 1 e 5 minutos e 1 e 20 minutos. Corbet et al (2019) revelaram a média de 1 e 20 minutos como produtora de ganhos de 45,46% ao ano para um conjunto de criptomoedas, enquanto a estratégia *Buy and Hold* teve um retorno de 36,5%. Corbet et al (2019) concluíram que a estratégia de média móvel de 1 e 20 minutos, excluindo o Bitcoin, é bem-sucedida para gerar retornos no mercado de criptomoedas, mas sua eficácia pode variar dependendo da criptomoeda e da média móvel utilizada.

Tabela 12: Comparação resultados Corbet et al (2019) com resultados deste trabalho

Criptomoeda	Resultado Corbet et al (2019)	Resultado deste trabalho
BNB	Médias móveis	Médias móveis
BTC	Buy and Hold	Médias móveis
ADA	Médias móveis	Médias móveis
ETH	Médias móveis	Médias móveis
TRX	Médias móveis	Médias móveis
XRP	Médias móveis	Médias móveis
DOGE	Médias móveis	Médias móveis
LTC	Médias móveis	Médias móveis

Fonte: Corbet et al (2019) e resultados originais da pesquisa

No geral, a análise das diferentes combinações de médias móveis mostrou não existir uma única média capaz de maximizar os ganhos para todas as criptomoedas. Cada criptomoeda apresentou uma combinação de médias móveis mais eficientes, variarando de acordo com suas características. O método de *crossover* simples se mostrou mais eficaz em termos de ROI médio, embora o método de *crossover* com confirmação tenha apresentado melhores resultados para a BNB e a *Polkadot*. Por outro lado, a *estratégia Buy and Hold* se mostrou ineficiente para maximizar o retorno sobre o investimento e proteger o capital investido se comparado com as estratégias de médias móveis de curtíssimo e médio prazo.

Ao comparar os resultados deste trabalho com análises semelhantes, se verificou que a combinação das médias móveis pode ser muito ampla e em um mesmo período pode-se ter resultados diferentes a depender da combinação escolhida. Corbet et al (2019) conseguiram obter resultados relevantes ao utilizar médias móveis de curtíssimo prazo se comparado com a estratégia *Buy and Hold*. Enquanto Brown e Pelosi (2018) não chegaram a mesma conclusão ao utilizar médias móveis mais longas. Já o presente trabalho exibe ganhos elevados ao utilizar as médias móveis de médio prazo se comparado com a estratégia *Buy and Hold* para o período analisado.

5 CONSIDERAÇÕES FINAIS

Este capítulo explorou diferentes métodos para realizar a gestão de operações de criptoativos utilizando técnicas conhecidas no mercado financeiro tradicional como os métodos de *crossover* simples e com confirmação e a estratégia *Buy and Hold*. Os resultados obtidos mostraram não haver uma única combinação de médias móveis capaz de otimizar os ganhos em todas as criptomoedas analisadas. Além disso, cada criptomoeda teve maior retorno com uma combinação de médias específica e, no geral, o método de *crossover* simples acabou por retornar um maior número de combinações de

médias com retornos superiores ao método de *crossover* com confirmação. Entretanto, exceto pela média 4 x 9 para os métodos de crossover simples e com confirmação para a BNB, as estratégias de *crossover* mostraram um retorno muito superior ao da estratégia *Buy and Hold* evidenciando que a estratégia pode ser utilizada para maximizar os retornos sobre o investimento.

É importante ressaltar que este trabalho possui limitações, tais como a análise de um período específico e a consideração de apenas três técnicas simples de análise. Como forma de aprimorar as estratégias exploradas e expandir a compreensão do comportamento de mercado, recomenda-se para trabalhos futuros a expansão do conjunto de dados de forma a validar as estratégias exploradas em um maior horizonte de tempo maior. Com isso, será possível realizar análises mais detalhadas e avaliar a eficácia em diferentes momentos e ciclos econômicos. Além da inclusão de dados, também se pode explorar outras informações em conjunto com o preço como, por exemplo, o volume total por criptomoeda, e a popularidade de pesquisas do criptoativo no *google trends*. A combinação de diferentes indicadores poderá ser benéfica para capturar a dinâmica de mercado por meio de uma abordagem multifatorial que pode oferecer uma

estratégia mais robusta. Além disso, propõem-se a inclusão de outros sinais técnicos, pois a utilização de outras estratégias em conjunto poderá aumentar a possibilidade de capturar tendências do mercado através de óticas diferentes. Portanto, propõe-se a exploração de novos indicadores como, por exemplo, o Índice de Força Relativa (RSI). Ao abordar diferentes indicadores no mesmo horizonte temporal, é esperado haver maior embasamento técnico para tomar decisões. E, por fim, a exploração de algoritmos de *machine learning* com o objetivo de proporcionar resultados mais complexos, não facilmente capturados por técnicas tradicionais.

6 REFERÊNCIAS

Brown, M.; Pelosi, M. 2018. Moving Averages Trading Method Applied To Cryptocurrencies. Economics, Commerce and Trade Management: Na International Journal, Vol2, N1.

Corbet, S.; Eraslan, V.Lucey, B. Sensoy, A. 2019. The effectiveness of technical trading rules in cryptocurrency markets.

Gil, A. C. 2022. Como elaborar projetos de pesquisa. 7.ed. Atlas, São Paulo, SP, Brasil. Disponível em: https://integrada.minhabiblioteca.com.br/books/9786559771653. Acesso em: 25 Mar. 2023.

Jain, R.; Bhardwaj, P.; Soni, P. 2022. Can the Market of Cryptocurrency Be Followed with the Technical Analysis?. International Journal for Research in Applied Science & Engineering Technology 10: 2425-2445.

Lemos, Flávio. 2018. Análise técnica dos mercados financeiros: um guia completo e definitivo dos métodos de negociação de ativos. 2. Ed. Saraiva, São Paulo, SP, Brasil. Disponível em: https://integrada.minhabiblioteca.com.br/books/9788553131082. Acesso em: 22 Mar. 2023.

Liu, J.; Serletis, A. 2019. Volatility in the Cryptocurrency Market. Disponível em: <https://doi.org/10.1007/s11079-019-09547-5>, Acesso em: 18 Mar. 2023.

Murphy, J. 2021. Análise técnica do mercado financeiro: guia definitivo e métodos de negociação. Alta Books,Rio de Janeiro, RJ, Brasil. Disponível em: https://integrada.minhabiblioteca.com.br/books/9788550816944. Acesso em: 22 Mar. 2023.

Tanaka, O. Y.; Melo, C. 2001. Avaliação de Programa de Saúde do Acodescente – Um modo de fazer. Edusp, São Paulo, SP, Brasil.

Trúcios, C.; Tiwari, A. K.; Alqahtani, F. 2019. Value-at-risk and expected shortfall in cryptocurrencies' portfolio: a vine copula–based approach. Applied Economics, Disponiível em: <ttps://doi.org/10.1080/00036846.2019.1693023>. Acesso em: 18 Mar. 2023.

Wu, J.; Liu, J.; Zhao, Y.; Zheng, Z. 2021. Analysis of cryptocurrency transactions from a network perspective: An overview.Journal of Network and Computer Applications 190.

Tanaka, O. Y.; Melo, C. 2001. Avaliação de Programa de Saúde do Acodescente – Um modo de Fazer. Edusp, São Paulo, SP, Brasil.

CAPÍTULO 8 | ESTRATÉGIA PARA SELEÇÃO DE AÇÕES NO SETOR ELÉTRICO POR INTERMÉDIO DO MÉTODO MULTICRITÉRIO AHP-GAUSSIANO

Italo Nogueira Morais
Jorge Costa Silva Filho

RESUMO

O objetivo deste capítulo é auxiliar investidores na seleção de ativos por meio do método multicritério AHP-Gaussiano, aplicado ao setor de energia elétrica no mercado acionário nacional. O contexto do projeto é o avanço acelerado da tecnologia, que gera grandes volumes de dados, desafiando investidores a tomarem decisões informadas em um ambiente dinâmico e em constante mudança. A questão problematizadora é: como apoiar a seleção de ativos no mercado de capitais utilizando métodos multicritério com base em indicadores fundamentais? A justificativa reside na necessidade de métodos analíticos que interpretem dados financeiros e apoiem escolhas de investimento de forma objetiva. A metodologia envolveu modelagem matemática, técnicas de *data wrangling* e estatísticas descritivas, além de visualizações de dados e a metodologia AHP-Gaussiana. O referencial teórico incluiu análise fundamentalista e métodos de apoio à decisão multicritério. Os resultados indicaram um ranqueamento dos ativos baseado em seus indicadores, com destaque para a ação da Taesa como a melhor opção, justificada pelos elevados indicadores de eficiência. Nas considerações finais, conclui-se que o modelo proposto oferece uma ferramenta robusta para a análise e seleção de ativos, facilitando decisões no setor energético.

Palavras-chave: TECNOLOGIA. DECISÃO. CAPITAIS. INVESTIDORES. MULTICRITÉRIO.

1 INTRODUÇÃO

O campo tecnológico apresenta um crescimento expressivo nos últimos anos, especialmente após a "expansão da internet" na década de 90, impulsionando ainda mais esse processo. Nesse sentido, Schwab e Miranda (2016) descreve: "estamos prestes a viver uma revolução que transformará nossas vidas, trabalhos e relacionamentos de uma maneira nunca vista antes na história da humanidade".

Como resultado desse avanço, é admissível dizer que tudo e todos estão conectados, gerando uma quantidade massiva de dados em todo o mundo.

De acordo com o relatório da Statista (2021) sobre o volume de dados no mundo de 2010 a 2020, esses dados têm aumentado exponencialmente ao longo dos anos. À vista disso, surgem questões importantes: estamos preparados para lidar com essa quantidade de dados? Conseguiremos tomar as melhores decisões com base nas informações disponíveis atualmente?

Saaty (2008) afirma que somos seres fundamentalmente decisores e as informações que recebemos nos ajudam a desenvolver bons julgamentos e nos auxiliam na tomada de decisão. Entretanto, para decidir, é necessário conhecer o problema, a necessidade e o objetivo da decisão, bem como os critérios e as alternativas da ação a ser tomada. Vale ressaltar que nem toda informação é útil e tomar decisões de maneira intuitiva pode levar a um viés de confirmação, no qual se acredita ser válido qualquer dado já conhecido, o que é mentira (Saaty, 2008).

Assim sendo, é conhecido o fato do processo de tomada de decisão está cada vez mais presente em nossas vidas, pois somos expostos diariamente a uma abundância de dados. Estes, precisam ser transformados em informações úteis e de qualidade para auxiliar-nos em juízo da tomada de decisão. Isso também se aplica ao mercado de capitais, onde há uma infinidade de dados disponíveis e decisões assertivas a serem tomadas.

O mercado de capitais é um sistema complexo e dinâmico composto por instituições, agentes econômicos e instrumentos legais que tem como principal função negociar títulos e valores mobiliários. Sua finalidade é conduzir recursos dos compradores para os vendedores, viabilizando a capitalização das empresas e proporcionando liquidez aos títulos emitidos por elas. Em outras palavras, esse mercado funciona como um sistema de distribuição de valores que contribui para o desenvolvimento econômico e financeiro de diversos setores (Pinheiro, 2019).

De acordo com Pinheiro (2019), o desenvolvimento econômico é essencial para melhorar a qualidade de vida das pessoas, mas para isso é preciso investir em capital produtivo e aumentar a produtividade. O autor aponta que existem três maneiras de viabilizar esse processo: autofinanciamento, financiamento governamental ou financiamento de mercados financeiros. Embora o autofinanciamento pareça ser a opção mais simples, o autor alerta que pode ser mais difícil do que parece. Já o financiamento governamental é visto como uma opção complicada devido aos diversos fatores envolvidos. Por outro lado, o financiamento por mercados financeiros é apontado como a alternativa mais eficiente pelo autor.

Rassier (2009) relatou que no ano de 2008 o mercado de ações brasileiro se encontrava em crescimento e o número de pessoas que investiam em ações no Brasil ainda era pouco expressivo em relação aos países desenvolvidos. O autor indicou ainda que o total de pessoas físicas cadastradas na bolsa de valores nacional era cerca de 560 mil, correspondendo a 0,3% da população na época, uma taxa extremamente baixa quando comparada, por exemplo, com os Estados Unidos, no qual apresentava aproximadamente 18% da população investindo diretamente no mercado de ações no mesmo período.

Segundo a Brasil, Bolsa, Balcão [B³] (2022), em novembro de 2022 o número de investidores pessoas físicas com ativos em renda variável atingiu a marca de 4,6 milhões, este número representa mais de 2% dos 208 milhões de brasileiros registrados em prévia no Censo demográfico 2022 do Instituto Brasileiro de Geografia e Estatística [IBGE].

Mais de uma década depois da publicação do professor Rassier, tem-se um aumento expressivo do número de brasileiros investidores em bolsa, porém ainda estamos distantes das taxas registradas em países desenvolvidos.

Diante de um mercado ainda em expansão e com um alto número de novos entrantes, onde, tem-se uma vasta gama de ativos disponíveis e escolhas limitadas a serem efetuadas, o trabalho apresentado será realizado utilizando o método multicritério de apoio a tomada de decisão: *Analytic Hierarchy Process* [AHP] - Gaussiano. O modelo é uma variação da metodologia AHP tradicional e tem por objetivo selecionar a melhor alternativa entre um número finito de alternativas. O modelo proposto foi empregado no mercado acionário brasileiro e tem como desígnio principal selecionar as melhores ações no setor de energia elétrica a partir de indicadores fundamentalistas, visando assim, auxiliar os investidores na seleção de seus ativos.

Sendo nós seres fundamentalmente decisores, temos que decidir quando estamos diante de um determinado evento contendo uma ou mais alternativas para ser resolvido. No caso de uma única ação a ser tomada temos a escolha de fazê-la ou não (Gomes e Gomes, 2002).

De forma simples, um processo decisório pode ser pensado como a seleção da melhor alternativa dentre as possíveis, sendo esta, tomada por intermédio de um centro decisor. O problema analítico é determinar qual a melhor alternativa em um processo de decisão. Tal processo requer a existência de um conjunto de alternativas viáveis para sua composição, em que cada decisão tem um ganho e uma perda associados (Gomes e Gomes, 2002).

Questões envolvendo tomada de decisão multicritério são normalmente caracterizadas por uma matriz: alternativas x critérios, onde os critérios são ponderados conforme o decisor em questão.

Métodos para solucionar tais problemas têm sido amplamente utilizados pelo mundo e, a depender do grau de complexidade e da composição dos fatores, há sim, um método mais adequado que outro, contudo, não há mudança quanto à finalidade pela qual se iniciou o processo: a decisão a seguir, conforme expõe Costa et al. (2021). Como exemplos de métodos multicritérios podemos citar: *Analytic Hierarchy Process* [AHP], *Analytic Network Process* [ANP], *Preference Ranking Method for Enrichment Evaluation* [PROMETHEE], entre outros.

Segundo Saaty e Vargas (2012), podemos considerar, em sua forma elementar, o problema de tomada de decisão estruturado em três níveis de hierarquia onde, o objetivo se encontra no topo, seguido pelos critérios e pelas alternativas, na devida ordem, conforme Figura 1.

Figura 1: Estrutura hierárquica básica para problemas de tomada de decisão

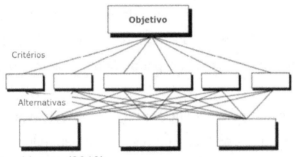

Fonte: Saaty e Vargas (2012)

O método *Analytic Hierarchy Process* (AHP) é um método que tem por finalidade o apoio à tomada de decisão multicritério, sendo este, flexível e fácil de ser utilizado, permitindo sua aplicação em problemas simples e complexos, de acordo com os critérios conflitantes entre si. A ferramenta é adequada para diferentes problemáticas, ao depender da interação humana para condução do processo comparativo.

De acordo com Saaty (2008), para uma decisão ser tomada de maneira organizada, é necessário decompô-la em alguns passos:

I - Definir o problema e determinar o que está sendo procurado;

II - Estruturar hierarquicamente a decisão a partir do topo, ou seja, a partir do objetivo;

III - Elaborar as matrizes de comparação dos pares. Cada elemento de acordo com as alternativas que dependem deles;

IV - Utilizar as prioridades resultantes a partir das comparações para ponderar a matriz de decisão.

Deste modo, o modelo apresentado por Saaty segue a seguinte estrutura axiomática, conforme ilustrado na Figura 2.

Figura 2: Estrutura axiomática do Método AHP

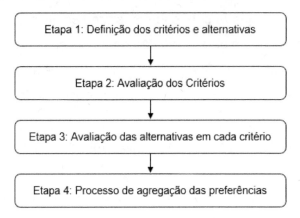

Fonte: Autor

Na Etapa 1 tem-se a construção da matriz de avaliação composta pelas alternativas e critérios em avaliação, a Figura 3 ilustra o formato da matriz. Na Etapa 2 realizam-se as atribuições dos julgamentos de importância entre os critérios, testa-se a consistência dessas atribuições e também é desenvolvido um procedimento algébrico para a obtenção das prioridades dos critérios. Já na etapa 3 ocorrem procedimentos semelhantes ao da etapa 2, porém com o propósito de obter as prioridades locais das alternativas em cada critério. Por fim, na etapa 4 acontece a ponderação da matriz de decisão e a soma das prioridades para assim obter-se as propriedades globais das alternativas na problemática (Dos Santos, 2022).

Figura 3: Matriz de avaliação critérios x alternativas

	Crit 1	Crit 2	...	Crit n
Alt 1	a_{11}	a_{12}	...	a_{1n}
Alt 2	a_{21}	a_{22}	...	a_{2n}
...	...	...	...	...
Alt n	a_{n1}	a_{n2}	...	a_{nn}

Fonte: Dos Santos (2022)

Dos Santos et al. (2021), propõe com o método AHP-Gaussiano uma nova abordagem ao método AHP original baseado na análise de sensibilidade proveniente do fator gaussiano. Logo, com essa abordagem é possível obter os pesos com base nas entradas quantitativas geradas a partir dos próprios dados da matriz de decisão. Como destaque do novo modelo está a redução do esforço cognitivo do agente decisor, pois, não se faz mais necessário a avaliação par a par dos critérios para ponderação.

Dos Santos (2022) destaca que o modelo só é viável quando as alternativas possuem entradas cardinais nos critérios em análise. O modelo proposto pelo Prof. Santos segue a estrutura apresentada conforme Figura 4 abaixo.

Figura 4: Estruturação do Método AHP-Gaussiano

Etapa 1 - Determinação da Matriz de Decisão
↓
Etapa 2 - Cálculo da média das alternativas
↓
Etapa 3 - Cálculo do desvio padrão dos critérios com base na amostra das alternativas
↓
Etapa 4 - Cálculo do fator gaussiano para cada critério
↓
Etapa 5 - Ponderação da matriz de decisão
↓
Etapa 6 - Normalização dos resultados
↓
Etapa 7 - Obtenção do novo ranking

Fonte: Dos Santos et al. (2021)

1.1 Objetivo Geral

O presente capítulo O objetivo deste capítulo é auxiliar investidores na seleção de ativos por meio do método multicritério AHP-Gaussiano, aplicado ao setor de energia elétrica no mercado acionário nacional.

1.2 Objetivo específico

a) Identificar os ativos do setor de energia elétrica no mercado acionário nacional com base em indicadores fundamentalistas usando o método AHP-Gaussiano.

268

b) Analisar as correlações entre variáveis financeiras para o entendimento do comportamento dos ativos e justificar suas posições no ranking.

c) Avaliar a eficiência dos ativos selecionados, destacando aqueles com melhor desempenho como potenciais opções de investimento para apoiar decisões informadas

1.3 Questão problematizadora

A pergunta que norteia este capítulo é: de que maneira os métodos multicritério baseados em indicadores fundamentalistas podem apoiar a seleção de ativos no mercado de capitais?

2 METODOLOGIA

A metodologia empregada no estudo foi qualitativa e descritiva. O modelo empregado restringiu-se ao setor de energia elétrica do mercado acionário brasileiro. Os dados foram extraídos no formato estruturado de uma plataforma pública especializada em análise de ativos financeiros. A coleta desses dados ocorreu no dia 8 de setembro de 2022, sendo o modelo aplicado com base nos dados na referida data.

A proposta deste capítulo foi avaliar as ações do setor de energia elétrica com base em seus indicadores fundamentalistas aplicando o método AHP-Gaussiano e assim obter um ranking com os melhores ativos do setor. O método aplicado foi escolhido em função de sua praticidade, alto grau de aplicabilidade e pelo fato da não necessidade de um centro decisor na ponderação da matriz de decisão. O modelo proposto para aplicação foi elaborado na linguagem Python no formato *Jupyter Notebook* (Figura 16, Apêndices) e seguiu o fluxo metodológico conforme a Figura 5.

Figura 5: Estruturação do Método AHP-Gaussiano

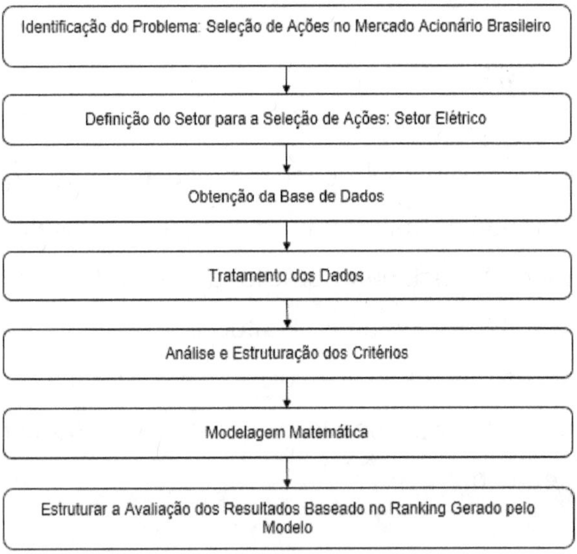

Fonte: Autor

3 RESULTADOS E DISCUSSÕES

A base de dados utilizada no estudo estava em formato ".csv", portanto, para iniciar a modelagem do problema, importou-se a biblioteca pandas e utilizou o método "read_csv" no carregamento dos dados. Para obter informações gerais sobre o *dataset* foi utilizado o método ".info()", este, mostrou que a base era composta por 83 observações e 29 variáveis. Além disso, todos os dados eram do tipo "*object*" sendo encontrados valores nulos em algumas das variáveis.

Para simplificar a modelagem foram removidos os indicadores considerados menos relevantes para a análise juntamente das observações que continham valores nulos. As variáveis excluídas do conjunto de dados foram escolhidas com base em critérios pré-definidos de relevância para o estudo e dificuldade de interpretação. As variáveis removidas incluíram "P/ATIVOS", "PSR", "P/CAP. GIRO", "P. AT CIR. LIQ.", "LIQ. CORRENTE", "PATRIMÔNIO / ATIVOS", "PASSIVOS / ATIVOS", "GIRO ATIVOS", "VPA" e "PEG Ratio".

Antes de prosseguir para a aplicação do método AHP-Gaussiano, foi necessário realizar um tratamento adicional no *dateframe* de modo a converter os dados do tipo "*object*" em valores numéricos. Para isso, utilizou-se o método "*to_numeric*" em conjunto com uma estrutura de repetição para aplicar a transformação em todos os dados do conjunto. Após o tratamento os dados passaram a ser do tipo "*float64*", com exceção do elemento 0, que não apresentava um valor numérico (Figura 6). Essa conversão foi necessária para permitir a aplicação das funções utilizadas no estudo.

De acordo com Debastiani e Russo (2008), a Escola Fundamentalista tem uma visão do mercado de capitais que difere da abordagem da Escola Técnica. Na visão fundamentalista, a valorização ou desvalorização dos ativos está diretamente relacionada às atividades econômicas das empresas.

Debastiani e Russo (2008) defendem que, sob a ótica do raciocínio fundamentalista, uma ação se torna interessante e valiosa para o mercado se a empresa representada por ela possuir boas perspectivas de futuro. Para determinar quais são essas expectativas do ponto de vista mercadológico, o processo de análise avalia inicialmente os fundamentos dessas entidades, utilizando indicadores divulgados nos balanços trimestrais, como explicam os autores. À vista disso, para determinar a matriz de decisão foram adotados dezenove critérios, sendo estes, indicadores fundamentalistas ou fundamentos dos ativos no mercado acionário, conforme Figura 6.

Figura 6: Critérios utilizados para a análise

```
#   Column             Non-Null Count  Dtype
---  ------             --------------  -----
 0   ticker             48 non-null     object
 1   preco              48 non-null     float64
 2   dy                 48 non-null     float64
 3   preco_por_lucro    48 non-null     float64
 4   preco_por_vp       48 non-null     float64
 5   margem_bruta       48 non-null     float64
 6   margem_ebit        48 non-null     float64
 7   margem_liquida     48 non-null     float64
 8   preco_por_ebit     48 non-null     float64
 9   ev_por_ebit        48 non-null     float64
10   div_liq_por_ebit   48 non-null     float64
11   div_liq_por_patri  48 non-null     float64
12   roe                48 non-null     float64
13   roa                48 non-null     float64
14   roic               48 non-null     float64
15   cagr_receita_5anos 48 non-null     float64
16   cagr_lucros_5anos  48 non-null     float64
17   liq_media_diaria   48 non-null     float64
18   lpa                48 non-null     float64
19   valor_de_mercado   48 non-null     float64
```

Fonte: Autor
Nota: A posição 0 (*ticker*) não é um critério, pois faz referência ao nome do papel

Já para as alternativas da matriz, representadas pelos *tickers* das ações, se iniciou a pesquisa com um total de 83 papéis disponíveis no setor. Após a realização dos tratamentos e filtragem dos dados com base nos parâmetros mínimos estabelecidos para a seleção, chegou- se a um número final de dezessete ativos elegíveis para o modelo. Os critérios mínimos estabelecidos para a seleção das ações foram:

I - Preço/ Lucro [P/L]: O indicador mostra em quantos anos o investidor teria seu capital retornado se a empresa compartilhasse 100% do seu lucro e se o lucro se mantivesse constante ao longo dos anos. Logo, para o trabalho foi requerido P/L positivo e menor ou igual a 20;

II - *Dividend Yield* [DY]: Este é um indicador de *valuation* responsável por relacionar os proventos pagos aos acionistas ao longo dos últimos 12 meses com o preço atual de negociação do papel. Para o estudo foi estabelecido DY maior ou igual a 4%;

III - *Return on Equity* [ROE]: É um indicador de rentabilidade encarregado por determinar o quão eficiente é determinada empresa em gerar lucro com seus recursos. Pode-se dizer: quanto maior o ROE mais a empresa utiliza seus recursos produtivamente. Sendo assim, foi proposto um ROE maior ou igual a 10%;

IV - Margem Bruta: Apresenta a rentabilidade da empresa antes das deduções legais. Por norma, empresas com margem bruta alta tendem a utilizar melhor seus investimentos. A margem bruta postulada ao estudo foi maior ou igual a 15%;

V - *Compound Annual Growth Rate* [CAGR]: representa a taxa de crescimento anual composta. O requisito para este indicador foi ser positivo;

VI - Liquidez média diária: este indicador mede a quantidade de negociações diárias de cada um dos ativos.

Para este indicador foi proposto ser maior ou igual à mediana do setor.

Respeitando os critérios mínimos exigidos para a seleção dos ativos obtém-se a tabulação da matriz de decisão mostrada na Figura 7. Esta contém o código do ativo com os sete primeiros critérios dos dezenove utilizados.

Figura 7: Matriz de decisão - Sete primeiros critérios

	ticker	preco	dy	preco_por_lucro	preco_por_vp	margem_bruta	margem_ebit	margem_liquida
2	ALUP11	28.4400	4.3200	7.7800	1.1400	78.9300	74.4200	22.5700
23	CMIG3	18.3000	8.0200	13.9500	1.9800	16.6700	13.3200	8.2000
24	CMIG4	11.8900	12.3400	9.0600	1.2900	16.6700	13.3200	8.2000
26	COCE5	46.1000	6.3100	6.8800	0.9800	18.0200	13.6300	5.8400
28	CPFE3	34.7900	15.6400	7.9400	2.8600	26.3900	21.5800	12.4000
29	CPLE11	34.3800	16.7000	5.6300	0.9100	19.9300	19.2400	13.7000
30	CPLE3	6.4500	16.4800	5.2800	0.8600	19.9300	19.2400	13.7000
32	CPLE6	6.9600	16.8000	5.6900	0.9200	19.9300	19.2400	13.7000
39	EGIE3	40.2900	5.5600	18.7300	4.1500	52.0900	43.8500	14.3700
48	ENBR3	22.1800	9.8900	5.8000	1.1500	24.7200	22.6600	11.6500
50	ENGI11	43.1700	7.7800	6.4200	1.8000	24.8200	20.3200	9.7800
51	ENGI3	13.7800	4.8800	10.2500	2.8700	24.8200	20.3200	9.7800
52	ENGI4	7.3200	9.1800	5.4500	1.5200	24.8200	20.3200	9.7800
68	NECE3	16.5000	4.8400	4.7700	0.7900	28.4300	21.1600	9.3000
75	TAEE11	40.7100	13.0500	6.7300	1.9600	85.3500	101.9400	63.1000
76	TAEE3	13.6100	13.0100	6.7500	1.9700	85.3500	101.9400	63.1000
77	TAEE4	13.6400	12.9800	6.7600	1.9700	85.3500	101.9400	63.1000

Fonte: Autor

Com a matriz estabelecida, iniciou-se o processo de normalização das variáveis. As variáveis foram normalizadas de acordo com seus valores monotônicos. Ou seja, aquelas cujos valores menores eram considerados melhores foram normalizadas com base nesse parâmetro, enquanto as que os valores maiores eram considerados melhores foram tratadas dessa maneira. Por exemplo, a variável preço seguiu uma lógica monotônica, em que quanto menor o preço, melhor, enquanto a variável lucro seguiu a lógica monotônica inversa, em que quanto maior o lucro, melhor.

A partir do conjunto de dados ajustado, o fator gaussiano para cada critério em avaliação foi calculado e, em seguida, normalizado, Figura 8. Dos Santos (2021) define o fator gaussiano conforme proposto na equação 1 a seguir:

$$\text{Fator Gaussiano} = \frac{\sigma}{\bar{x}} \tag{1}$$

onde, σ: é o desvio padrão dos critérios em avaliação e x a média de cada critério.

Figura 8: Fator Gaussiano dos critérios em avaliação (normalizado)

```
preco                 0.0596
dy                    0.0433
preco_por_lucro       0.0458
preco_por_vp          0.0533
margem_bruta          0.0714
margem_ebit           0.0892
margem_liquida        0.1000
preco_por_ebit        0.0387
ev_por_ebit           0.0170
div_liq_por_ebit      0.0309
div_liq_por_patri     0.0579
roe                   0.0332
roa                   0.0397
roic                  0.0193
cagr_receita_5anos    0.0258
cagr_lucros_5anos     0.0644
liq_media_diaria      0.0972
lpa                   0.0649
valor_de_mercado      0.0484
```

Fonte: Autor

Para finalizar a modelagem, a matriz de decisão obtida anteriormente foi ponderada com base nos fatores gaussianos encontrados para cada critério. Com essa ponderação, foi possível obter um novo ranking com as alternativas presentes no estudo.

Mediante aos cálculos obtidos com a aplicação do método AHP-Gaussiano com base nos critérios estabelecidos, tem-se que os três tickers do topo do ranking são diferentes categorias de papéis da mesma empresa. O mesmo ocorre com os ativos das posições 10 e 11 de acordo com a Figura 9. Esses resultados do modelo destaca o fato das ações ordinárias (ações com final 3), preferências (ações com final 4) e unitárias (ações com final 11) das mesmas instituições estarem em posições próximas umas às outras no ranking, ao afirmar que independente do papel listado essas empresas buscam manter seus fundamentos. Foi possível avaliar também que a empresa selecionada como a melhor alternativa com base no modelo aplicado possui indicadores de eficiência (margem bruta, margem ebit e margem líquida) significativamente superior à de suas concorrentes. Sua margem líquida destoa em mais de 150% da próxima instituição do ranking.

Figura 9: Matriz de Decisão Ranqueada - Soma das ponderações

ticker	soma_das_ponderacoes	preco	dy	preco_por_lucro	preco_por_vp	margem_bruta	margem_ebit	margem_liquida	preco_por_ebit
0 TAEE11	0.0921	0.0013	0.0032	0.0028	0.0022	0.0093	0.0140	0.0179	0.0020
1 TAEE4	0.0780	0.0040	0.0032	0.0028	0.0022	0.0093	0.0140	0.0179	0.0020
2 TAEE3	0.0779	0.0040	0.0032	0.0028	0.0022	0.0093	0.0140	0.0179	0.0020
3 ALUP11	0.0641	0.0019	0.0011	0.0024	0.0038	0.0086	0.0102	0.0064	0.0035
4 CMIG4	0.0624	0.0046	0.0030	0.0021	0.0033	0.0018	0.0018	0.0023	0.0015
5 CPLE6	0.0611	0.0079	0.0041	0.0033	0.0047	0.0022	0.0026	0.0039	0.0021
6 ENGI11	0.0605	0.0013	0.0019	0.0029	0.0024	0.0027	0.0026	0.0026	0.0027
7 CPFE3	0.0596	0.0016	0.0038	0.0024	0.0015	0.0029	0.0030	0.0035	0.0018
8 NEOE3	0.0560	0.0033	0.0012	0.0039	0.0055	0.0031	0.0029	0.0026	0.0040
9 ENBR3	0.0555	0.0025	0.0024	0.0032	0.0038	0.0027	0.0031	0.0033	0.0026
10 CPLE3	0.0551	0.0085	0.0040	0.0036	0.0050	0.0022	0.0026	0.0039	0.0022
11 CPLE11	0.0542	0.0016	0.0041	0.0033	0.0047	0.0022	0.0026	0.0039	0.0021
12 EGIE3	0.0517	0.0014	0.0014	0.0010	0.0010	0.0057	0.0060	0.0041	0.0014
13 ENGI4	0.0493	0.0075	0.0022	0.0034	0.0028	0.0027	0.0026	0.0026	0.0032
14 CMIG3	0.0445	0.0030	0.0020	0.0013	0.0022	0.0018	0.0018	0.0023	0.0010
15 ENGI3	0.0403	0.0040	0.0012	0.0018	0.0015	0.0027	0.0026	0.0026	0.0017
16 COCE5	0.0375	0.0012	0.0015	0.0027	0.0044	0.0020	0.0019	0.0017	0.0026

Fonte: Autor

Com os dados ranqueados em mãos foi obtida a tabulação das principais estatísticas descritivas referente aos indicadores de eficiência das empresas. Ao analisar essas métricas, aferiu-se que 25% das maiores observações do modelo correspondem aos 5 primeiros *tickers* do ranking, sendo 3 papéis da companhia Taesa, 1 ativo da Alupar e uma ação da Cemig. Ao decorrer da análise, nota-se também que a margem líquida se comporta de maneira esperada no terceiro quartil, menor do que sua margem bruta e *ebit*, porém nos limítrofes do 1º e 2º quartis essas margens a uma primeira vista aparentam uma leve distorção, apresentando valores maiores que suas respectivas margens brutas e *ebit*, conforme visto na Figura 10.

Figura 10: Estatísticas descritivas das margens de eficiência

	soma_das_ponderacoes	margem_bruta	margem_ebit	margem_liquida
count	17.0000	17.0000	17.0000	17.0000
mean	0.0588	0.0042	0.0052	0.0059
std	0.0139	0.0030	0.0046	0.0058
min	0.0375	0.0018	0.0018	0.0017
25%	0.0517	0.0022	0.0026	0.0028
50%	0.0560	0.0027	0.0028	0.0035
75%	0.0624	0.0057	0.0060	0.0041
max	0.0921	0.0093	0.0140	0.0179

Fonte: Autor

Para verificar essa possível disformidade nos valores de margem líquida foram analisados os dados ainda não ponderados e não ranqueados. Assim sendo, concluiu-se que o fato da margem líquida exibir valores maiores que as demais margens na modelagem final ocorreu em função da normalização e ponderação proveniente da metodologia aplicada, causando essa falsa distorção nos números. Estabelecendo uma matriz descritiva como a anterior, contudo, dessa vez com os dados antes da aplicação dos tratamentos no modelo, temos o indicador margem líquida menor em todos os quartis (Figura 11), conforme esperado. Pois, este indicador é o resultado da diferença entre as demais margens e suas deduções legais, portanto, seu valor deve ser menor quando comparado ao de suas semelhantes.

Figura 11: Estatísticas descritivas das margens de eficiência (dados não ponderados)

	margem_bruta	margem_ebit	margem_liquida
count	17.0000	17.0000	17.0000
mean	38.3659	38.1435	20.7218
std	27.1687	33.7449	20.5482
min	16.6700	13.3200	5.8400
25%	19.9300	19.2400	9.7800
50%	24.8200	20.3200	12.4000
75%	52.0900	43.8500	14.3700
max	85.3500	101.9400	63.1000

Fonte: Autor

Em seguida foi traçada uma matriz de correlação entre as variáveis do *dataset*. Brunet e Garson (2009) definem correlação como uma grandeza associativa bivariada do grau de interação entre duas variáveis. Isto é, a correlação pode ser vista como o coeficiente responsável por medir o relacionamento entre duas variáveis. Este varia entre -1 e +1, sendo que -1 indica associação negativa perfeita e +1 associação positiva perfeita. A tabulação obtida no estudo tem por objetivo analisar o comportamento das demais variáveis em relação à variável "soma_das_ponderacoes", responsável pelo ranqueamento da matriz, como pode ser visto na Figura 12 adiante.

Analisando a configuração da matriz é possível observar que os critérios com maior correlação positiva frente a variável dependente "soma_das_ponderacoes" são: "margem liquida", "margem_ebit"," roa"," margem_bruta" e "roic" respectivamente, vide Figura 13. Tal fato valida a análise feita anteriormente na qual foi percebido que os indicadores de eficiência da companhia Taesa (códigos: TAEE11, TAEE3, TAEE4) são consideravelmente superiores quando comparado aos demais papéis presentes na modelagem. Os critérios aqui apontados apresentam fortes correlações positivas com a

variável dependente (entre 65% e 86%), isto é, à medida que as variáveis aumentam em valor, o valor de "soma_das_ponderações" também aumenta.

Com o intuito de verificar o desempenho do modelo e o comportamento das demais variáveis em relação a sua dependente (soma_das_ponderacoes), removeram-se os dados referentes aos indicadores de eficiência (margens bruta, ebit e líquida), ajustou-se a modelagem de acordo com requisitos necessários e executou novamente as linhas de código esperando que o ranqueamento ocorresse de maneira distinta do que ocorrera anteriormente. Dessa forma, obteve-se uma nova matriz, na qual, os ativos da companhia Taesa deixaram o topo do ranking, conforme previsto. O *ticker* CMIG4 foi o responsável por liderar a nova listagem, vide Figura 14

Figura 12: Correlação entre as variáveis

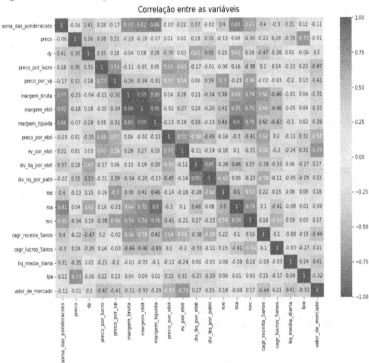

Fonte: Autor

Figura 13: Correlação entre os critérios e a soma das ponderações

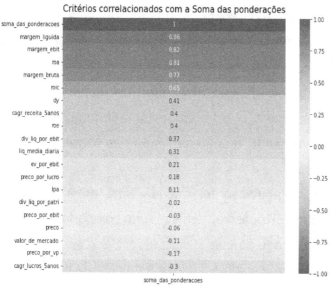

Fonte: Autor

Figura 14: Nova matriz de decisão ranqueada (sem os indicadores de eficiência)

	ticker	soma_das_ponderacoes	preco	dy	preco_por_lucro	preco_por_vp	preco_por_ebit	ev_por_ebit	div_liq_por_ebit
0	CMIG4	0.0564	0.0046	0.0030	0.0021	0.0033	0.0015	0.0008	0.0027
1	CPLE6	0.0524	0.0079	0.0041	0.0033	0.0047	0.0021	0.0011	0.0022
2	ENGI11	0.0523	0.0013	0.0019	0.0029	0.0024	0.0027	0.0009	0.0011
3	TAEE11	0.0509	0.0013	0.0032	0.0028	0.0022	0.0020	0.0010	0.0021
4	CPFE3	0.0502	0.0016	0.0036	0.0024	0.0015	0.0018	0.0009	0.0019
5	NEOE3	0.0474	0.0033	0.0012	0.0039	0.0055	0.0040	0.0011	0.0012
6	ENBR3	0.0464	0.0025	0.0024	0.0032	0.0038	0.0028	0.0012	0.0017
7	CPLE3	0.0464	0.0085	0.0040	0.0036	0.0050	0.0022	0.0011	0.0022
8	CPLE11	0.0455	0.0016	0.0041	0.0033	0.0047	0.0021	0.0011	0.0022
9	ENGI4	0.0410	0.0075	0.0022	0.0034	0.0028	0.0032	0.0009	0.0011
10	ALUP11	0.0388	0.0019	0.0011	0.0024	0.0038	0.0035	0.0013	0.0018
11	CMIG3	0.0385	0.0030	0.0020	0.0013	0.0022	0.0010	0.0008	0.0027
12	TAEE4	0.0367	0.0040	0.0032	0.0028	0.0022	0.0020	0.0010	0.0021
13	TAEE3	0.0366	0.0040	0.0032	0.0028	0.0022	0.0020	0.0010	0.0021
14	EGIE3	0.0359	0.0014	0.0014	0.0010	0.0010	0.0014	0.0007	0.0014
15	ENGI3	0.0320	0.0040	0.0012	0.0016	0.0015	0.0017	0.0009	0.0011
16	COCE5	0.0320	0.0012	0.0015	0.0027	0.0044	0.0028	0.0011	0.0014

Fonte: Autor

Com a nova composição da matriz originou-se uma tabulação final totalmente diferente da anterior, reafirmando que os indicadores de eficiência se manifestam com maior dominância na formação da variável "soma_das_ponderacoes". Foi possível perceber também que o modelo respondeu de maneira bastante satisfatória as oscilações a qual foi proposto, tanto numa obtenção correta de uma nova matriz, quanto na flexão das correlações para as variáveis adotadas.

Para a atual tabulação foi traçada uma nova matriz de correlações em que foi possível verificar um comportamento um pouco menos concentrado do que

antes. Aqui, pode ser percebido a liquidez média diária e o *dividend yeld* apresentando as maiores correlações positivas frente a variável desejada, 67% e 51% respectivamente, observar Figura 15.

Figura 15: Nova correlação entre os critérios e a soma das ponderações

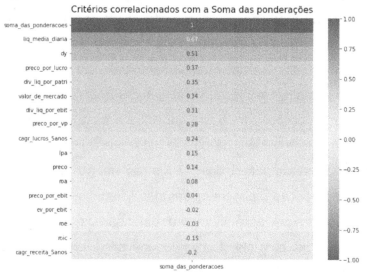

Fonte: Autor

Com base nos critérios estabelecidos, o modelo AHP-Gaussiano apontou as ações da companhia TAESA como a melhor alternativa na problemática. No entanto, é importante ressaltar que o modelo foi aplicado com base nos dados coletados no período informado no estudo. Dessa maneira, é necessário estar atento ao utilizar o modelo, já que os indicadores não apresentarão valores recorrentes ao longo do tempo.

Os critérios devem ser escolhidos e aplicados na metodologia de acordo com a necessidade de cada investidor, podendo resultar em uma listagem totalmente distinta da que fora obtida aqui, sem prejuízo algum da modelagem.

Embora a modelagem apresente um comportamento estacionário, também é possível utilizá-la tanto em análises trimestrais, bem como, em acompanhamentos anuais dos ativos. Isso se deve à sua alta flexibilidade e facilidade de aplicação. Para aplicá-la em um novo período, basta substituir a base de dados e executar novamente as linhas de código. Isto, possibilita a criação de um histórico abrangente dos ativos ao longo dos anos, permitindo comparações mais criteriosas das listagens dos papéis. Recurso que se revela essencial para embasar as decisões a serem tomadas, pois, com ele, é possível analisar as variações de posicionamento dos ativos em diferentes períodos.

Conforme a Associação Brasileira de Distribuidores de Energia Elétrica [ABRADEE] (2021), o setor de energia elétrica produz um produto impalpável, utilizado
indiretamente em qualquer transformação energética e, ao contrário de outros sistemas de rede, a energia elétrica não pode ser armazenada de maneira economicamente viável.

Do ponto de vista técnico, a ABRADEE (2021) afirma que o setor é composto pelos geradores de energia, transmissores e distribuidores. Cada um desses componentes desempenhando um papel fundamental no fornecimento de energia elétrica aos consumidores finais.

A ABRADEE (2021) define a geração como o segmento responsável por produzir energia elétrica e injetá-las nos sistemas de transporte (transmissão e distribuição). Já a transmissão é o segmento encarregado por transportar a energia proveniente das usinas geradoras, enquanto a distribuição é responsável por levá-la aos consumidores de médio e pequeno porte. De acordo com Associação, no Brasil, existem 156 concessionárias licitadas que operam e administram cerca de 145 mil quilômetros de linhas de transmissão.

Segundo o institucional da TAESA (2022), a companhia é um dos maiores grupos privados atuando no setor de transmissão de energia elétrica do Brasil em termos de Receita Anual Permitida [RAP], com 12.122 km de linhas em operação e 1.892 km de linhas em construção totalizando mais de 14.014 km de extensão e 104 subestações. Além disso, a empresa possui operação em todas as 5 regiões do país com contratos de concessão reajustados por índices inflacionários como IGP-M e IPCA que possuem previsão de término entre 2030 e 2062.

Considerando que o setor de energia elétrica é essencial e apresenta altas barreiras regulatórias, bem como previsibilidade em função de contratos de concessão de longo prazo, é comum que seja um mercado bastante atrativo para investidores em geral. E, também, pode representar uma excelente oportunidade para novos investidores, especialmente aqueles que desejam se aprofundar no assunto. Dessa forma, o modelo apresentado neste texto pode ser uma ferramenta valiosa para orientar decisões assertivas no mercado de valores mobiliários.

É importante frisar que este projeto não se trata de uma recomendação de compra ou venda de ativos na bolsa de valores, mas sim uma ferramenta adicional para auxiliar os investidores em sua tomada de decisão. Portanto, é necessário ser utilizado como complemento de uma boa análise junto a outras ferramentas para uma tomada de decisão bem fundamentada.

5 CONSIDERAÇÕES FINAIS

Diante do número elevado de companhias disponíveis no mercado de capitais brasileiro, o propósito deste trabalho consistiu em identificar as melhores ações no setor de energia elétrica por meio da análise fundamentalista dos ativos. Da mesma forma, compreendeu como ferramentas e técnicas de análise e visualização de dados, assim como, métodos de apoio a tomada de decisão podem contribuir para a escolha dos ativos dos investidores.

Para atingir tais objetivos foi realizado o emprego do método multicritério de apoio a tomada de decisão AHP-Gaussiano, técnicas de modelagem matemática e métodos de exploração dos dados baseados em estatísticas descritivas.

No decorrer do texto foi percebido que aproximadamente 79,5% dos papéis foram declarados como não elegíveis no início da aplicação do AHP-Gaussiano, momento em que foi estabelecido os fundamentos mínimos das companhias em análise. Os critérios responsáveis pela não elegibilidade dessas ações foram: P/L, DY, ROE, Margem Bruta, CAGR receita 5 anos e liquidez média diária do setor. Notou-se também que 5

das 19 variáveis presentes no estudo contribuem de maneira mais significativa no ordenamento da matriz de decisão. São estas: "margem liquida", "margem_ebit"," roa"," margem_bruta" e "roic" e representam um pouco mais de 26,3% das variáveis, sendo a variável "margem liquida" a que possui a maior significância entre elas.

Em linhas gerais, conclui-se que o projeto alcançou os objetivos para os quais foi originalmente concebido, considerando acertado os resultados recolhidos das análises por meio dos métodos e técnicas utilizadas. O modelo matemático idealizado conseguiu realizar o tratamento dos dados com base nos critérios requeridos, listar de maneira eficiente os melhores ativos do setor, conforme previamente proposto, e também respondeu de maneira bastante adequada as variabilidades as quais foi submetido.

Por fim, entende-se que os resultados obtidos neste capítulo foram positivos e condizentes com a realidade dos ativos listados em bolsa, apontando os papéis da TAESA como as melhores ações do setor. De fato, a companhia apresenta indicadores bastante atrativos, além de fazer parte de um setor extremamente perene e com certa previsibilidade.

Dessa forma, espera-se que a modelagem desenvolvida possa auxiliar os investidores na seleção de seus ativos, tornando-se assim mais um ferramental para apoiar uma boa tomada de decisão. É válido destacar também, que apesar do método utilizado ter sido segmentado no estudo para ser empregado apenas no setor de energia elétrica, o modelo utilizado não se limita apenas a esse setor, podendo ser adaptado e utilizado em outros setores e mercados em função da necessidade de cada investidor.

6 REFERÊNCIAS

BENTO, Maria Aparecida Silva. A mulher negra no mercado Schwab, K.; Miranda, D. M. 2016. A Quarta Revolução Industrial. Edipro. São Paulo, SP, Brasil.

Statista. 2021. Volume of data/information created, captured, copied, and consumed worldwide from 2010 to 2020, with forecasts from 2021 to 2025. Disponível em:<https://www.statista.com/statistics/871513/worldwide-data-created/>. Acesso em: 27 dez. 2022.

Saaty, T. L. 2008. Decision making with the analytic hierarchy process. International of services sciences. 1: 83-98.

Pinheiro, J. 2019. Mercado de capitais. Editora Atlas. São Paulo, SP, Brasil.

Rassier, L. 2009. Entenda o mercado de ações: faça da crise uma oportunidade. Editora Elsevier. São Paulo, SP, Brasil.

B[3]. 2022. Número de investidores na B3 cresce mesmo em cenário de alta volatilidade. Disponível em:<https://www.b3.com.br/pt_br/noticias/numero-de-investidores-na-b3-cresce-mesmo-em-cenario-de-alta-volatilidade.htm>. Acesso em: 01 jan. 2023.

IBGE. 2022. Censo Demográfico. Disponível em:<https://www.ibge.gov.br/estatisticas/sociais/populacao/22827-censo-demografico2022.html?edicao=35938&t=resultados>. Acesso em: 01 jan. 2023.

Gomes, L.F.A.M; Gomes, C.F.S. 2002. Tomada de decisão gerencial: enfoque multicritério. Editora Atlas SA. São Paulo SP, Brasil.

Costa, D.; Dos Santos, M.; Gomes, C. F. S. 2021. Estratégia de seleção de executivos para uma multinacional: uma análise a partir dos métodos AHP-gaussiano e Proppaga. In: XXIV Encontro Nacional de Modelagem Computacional. 2021, Uberlândia, MG, Brasil.

Saaty, T.; Vargas, L. 2012. Models, Methods, Concepts & Applications of the Analytic Hierarchy Process. Springer: 23-40.

Dos Santos, M. 2022. Notas de aula – Tomada de Decisão com o Método AHP-Gaussiano. MBA USP/ESALQ.

Dos Santos, M.; Costa, I.; Gomes, C. 2021. Multicriteria decision-making in the selection of warships: a new approach to the AHP method. International Journal of the Analytic Hierarchy Process, v. 13, n. 1.

Debastiani, C.A.; Russo, F.A. 2008. Avaliando empresas, investindo em ações: a aplicação prática da análise fundamentalista na avaliação de empresas. Novatec Editora, São Paulo, SP, Brasil.

Brunet,J.R.; Garson, G.D. 2009. Dimensionality analysis as a computerized tool for strategic planning in policing and security. Social computer review, 27: 228-242.

ABRADEE. 2021. Setor elétrico: Visão geral do setor. Disponível em:< https://www.abradee.org.br/setor-eletrico/visao-geral-do-setor/>. Acesso em: 15 fev. 2023.

Taesa. 2022. Nosso negócio. Disponível em:< https://institucional.taesa.com.br/a-companhia/nosso-negocio/>. Acesso em: 15 fev. 2023.

CAPÍTULO 9 | ANÁLISE DE RISCO DE CRÉDITO COM MACHINE LEARNING: COMPARANDO MODELOS NA IDENTIFICAÇÃO DE INADIMPLENTES

Gabriel de Assis Pereira
Jorge Costa Silva Filho

RESUMO

O objetivo deste capítulo é aplicar técnicas de Machine Learning, especificamente Árvore de Decisão e Regressão Logística, para analisar o risco de crédito com foco em comportamento (behavior) dos clientes. O contexto considera a importância da análise de crédito para reduzir riscos e assegurar o cumprimento de obrigações financeiras, distinguindo entre modelos de concessão de crédito e comportamentais. A questão problematizadora é: como aplicar modelos de Machine Learning para otimizar a análise de risco de crédito com foco no comportamento do cliente? A justificativa se baseia na necessidade de aprimorar a detecção de inadimplentes, oferecendo maior precisão nas avaliações de crédito. A metodologia incluiu o uso de dados públicos com variáveis demográficas e comportamentais, análise estatística descritiva e avaliação de métricas para medir a taxa de inadimplência. O referencial teórico cobre técnicas de Machine Learning e seus métodos de aplicação em finanças. Os resultados indicaram que ambos os modelos apresentaram bom desempenho, com AUC acima de 0,7 e métricas de avaliação acima de 65%. A Árvore de Decisão destacou-se pelo recall e KS mais elevados, mostrando-se mais eficaz na detecção de inadimplentes e validação para novos dados.

Palavras-chave: REGRESSÃO LOGÍSTICA. ÁRVORE DE DECISÃO. ANÁLISE DE CRÉDITO. INADIMPLÊNCIA.

1 INTRODUÇÃO

Crédito é quando alguém recebe dinheiro agora com a promessa de pagar mais tarde, portanto, o risco de crédito é a possibilidade de não receber esse dinheiro conforme combinado (HUSCHER et al., 2020). Em economias desenvolvidas, é comum oferecer crédito, com isso, investir esse capital em negócios lucrativos impulsionam o desenvolvimento econômico de um país, pois leva à fabricação de bens e serviços para atender às necessidades do mercado (SILVA, 2022).

A possibilidade de as pessoas não cumprirem suas obrigações financeiras é uma das principais preocupações das instituições financeiras quando fornecem crédito aos clientes, de certo, problemas podem surgir em toda a cadeia de distribuição ou rede se os clientes não cumprem os termos do contrato (OLIVEIRA, 2006). Por isso, deve-se estabelecer uma gestão e análise eficaz do risco de crédito para reduzir ao mínimo as situações de inadimplência (TORRE, 2023).

Existem duas etapas principais as quais compõem o ciclo de vida das operações de crédito, sendo a primeira a determinação se os clientes estão em condições financeiras para receber os recursos; e a etapa seguinte envolve a supervisão das transações concluídas e a recuperação do crédito em caso de falta de pagamento (CHAIA, 2003).

Segundo o Mapa de Inadimplência e Renegociação de Dívidas no Brasil de dezembro de 2023, o país contava com 71,1 milhões de inadimplentes, com uma redução de 0,98% em relação ao mês anterior (SERASA, 2023).

Sendo assim, a análise de risco de crédito tem como objetivo determinar a porcentagem de inadimplência sem afetar o crescimento econômico, representando um desafio significativo para governos e empresas na busca pelo equilíbrio das receitas. Assim, uma das principais responsabilidades dos profissionais que lidam com o risco de crédito é desenvolver modelos os quais possam prever antecipadamente a probabilidade de inadimplência por parte de indivíduos ou empresas (PINTO, 2021). Neste contexto, a utilização de dados na tomada de decisão permite as empresas a alcançarem novos patamares, possibilitando abordagens as quais até mesmo os profissionais mais experientes não seriam capazes de implementar por conta própria (BAÚ, 2019).

As instituições usam principalmente métodos quantitativos e qualitativos para avaliar seu risco de crédito, ou seja, envolve coletar dados para avaliar as chances de uma transação. Logo, as técnicas qualitativas são fundamentadas na avaliação realizada por um analista ou gerente antes de conceder um crédito. Normalmente, eles são baseados nos cinco C's do crédito: caráter, capital, capacidade, colateral e condições. Por outro lado, o método quantitativo examina o risco de crédito usando informações de clientes e técnicas econométricas e estatísticas. Essa é a abordagem mais usada atualmente e é utilizada junto com métodos qualitativos para ajudar analistas de crédito ou gerentes a tomar decisões (MOURA, 2018).

O uso de Machine Learning na análise de crédito é um grande avanço na tomada de decisões e na avaliação de riscos das instituições financeiras. Essa técnica permite a classificação automatizada de clientes com base em seu perfil de crédito, usando algoritmos para extrair padrões de grandes quantidades de dados.

Os modelos de avaliação de risco de crédito são uma coleção de ferramentas técnicas utilizadas para ajudar os gestores a tomar decisões de acordo com as diretrizes da política de crédito da empresa (BRITO e NETO, 2008), e superam métodos tradicionais em termos de precisão na previsão de inadimplência (THOMAS et al., 2017).

A maioria das empresas usam esses modelos para fazer decisões rápidas, automatizadas, uniformes e objetivas (SILVA, 2022). Portanto, uma vantagem competitiva é a capacidade de identificar e categorizar corretamente os clientes. Sendo assim, empregar processos de classificação mais eficientes possibilita às empresas maximizarem seus lucros, ou seja, a aplicação de métodos mais sofisticados é um fator diferencial na competitividade (FORTI, 2018).

Uma taxa de precisão em porcentagem é apresentada para cada um dos modelos analisados. Os modelos com uma taxa de precisão mais alta são considerados mais confiáveis (SANTOS, 2015).

Com isso, vale ressaltar que os modelos de análise de crédito podem ser divididos em duas categorias, modelos de aprovação de crédito e comportamental, que são conhecidos por *behavioral scoring* (SAUNDERS, 2000). A base de dados pública de pagamentos de faturas de cartão de crédito foi usada neste caso. Além disso, o objetivo foi avaliar as métricas de avaliação dos modelos para comparar e garantir sua eficácia e precisão nas decisões.

1.1 Objetivo Geral

O presente capítulo foi realizar duas abordagens para a análise de risco de crédito, utilizando modelos de categoria *behavior*, especificamente Árvore de Decisão e Regressão Logística.

1.2 Objetivo específico

a) Implementar as técnicas de Árvore de Decisão e Regressão Logística para análise de risco de crédito, com foco no comportamento dos clientes.

b) Avaliar a eficácia dos modelos por meio de métricas como AUC, recall e KS, identificando a capacidade de cada modelo na detecção de inadimplentes.

c) Analisar variáveis demográficas e comportamentais para aprimoramento na compreensão dos fatores que influenciam a inadimplência.

1.3 Questão problematizadora

A questão problematizadora é: como aplicar modelos de Machine Learning para otimizar a análise de risco de crédito com foco no comportamento do cliente?

2 METODOLOGIA

O presente capítulo utilizou técnicas de *Machine Learning* para realizar uma análise de dados qualitativos e quantitativos.

Os dados foram coletados da *UCI Machine Learning Repository* em setembro de 2023, a qual é uma fonte pública. Os dados coletados, são de 2005 e incluem informações sobre transações de crédito, como limites para cartão de crédito, pagamentos, informações demográficas, idade e estado civil. A base de dados utilizada foi, *Default of Credit Card Clients*, foi criada por I-Cheng Yeh (2016).

O primeiro passo consistiu na compreensão, organização e limpeza dos dados para identificar dados nulos, vazios e inconsistências. Além disso, procedimentos de tratamento e padronização foram realizados. Os dados foram divididos em conjuntos de treinamento e teste, embora de acordo com Elkahwagy, Kiriacos e Mansour (2024), para a regressão logística este método traz a desvantagem de reduzir o tamanho da amostra do conjunto de dados para a modelagem, e que diferentes formatos de divisão podem produzir resultado variados, sendo assim, realizando o treinamento do modelo com a base de dados inteira, e utilizando o método *bootstrap* para a validação. O software Alteryx foi utilizado por ser eficaz na preparação dos elementos e possuir ferramentas de análise preditiva e estatística. Os modelos foram avaliados para verificar a adimplência usando técnicas de *Machine Learning* como árvore de decisão e regressão logística. O último passo foi a comparação dos modelos através de métricas de avaliação. Neste contexto, a base de dados utilizada foi composta por 30.000 registros.

A técnica de árvores de decisão é eficaz na criação de regras com uma maior facilidade de compreensão, realiza a classificação de forma eficiente, sem exigir longos tempos de processamento. Além disso, oferece uma maneira intuitiva de examinar os resultados alcançados e pode lidar tanto com atributos categóricos quanto quantitativos (GARCIA, 2003).

O critério de divisão que foi utilizado nesse trabalho foi o índice de Gini, o qual é um método baseado em impurezas para avaliar as discrepâncias entre as distribuições de probabilidade dos valores dos atributos alvo (Rokach e Maimon, 2014). O índice de Gini é representado na eq. (1).

$$Gini(p) = 1 - \sum_{i=1}^{J} p_i^2 \qquad (1)$$

onde, Pi: é a probabilidade de que um exemplo seja da classe i.

Para a construção do modelo foram realizados ajustes nos hiperparâmetros, como os citados por Alvarenga Júnior (2018), sendo eles o número mínimo de registros necessários para permitir a divisão, o número mínimo de registro permitidos em um nó terminal e o controle do tamanho da árvore, estabelecendo, dessa forma, a profundidade máxima atingível por um nó.

A regressão logística é um método estatístico usado para criar um modelo capaz de descrever a relação "logística" entre uma variável de resposta binária e um conjunto de variáveis explicativas, sendo assim, podem ser numéricas (contínuas ou discretas) e/ou categóricas, com base em um conjunto de observações (CABRAL, 2013), sendo assim, ela permite o uso de um modelo de regressão para se calcular ou prever a probabilidade de um evento específico (FIGUEIRA, 2006).

No presente capítulo foi utilizado o modelo de Regressão Logística Binária, o qual, de acordo com Fávero e Belfiore (2017), tem como objetivo principal estudar a probabilidade de ocorrência de um evento definido por Y, apresenta-se na forma qualitativa dicotômica (Y = 1 para descrever a ocorrência do evento de interesse e Y = 0 para descrever a ocorrência do não evento), com base no comportamento das variáveis explicativas. Este é o método pelo qual podemos criar um vetor de variáveis explicativas com seus respectivos parâmetros estimados, conforme a eq. (2).

$$Z_i = \alpha + \beta_1 \cdot X_{1i} + \beta_2 \cdot X_{2i} + \cdots \beta_k \cdot X_{ki} \quad (2)$$

onde, Z é o logito, α é uma constante e $\beta_j (1, 2 \cdots, k)$ são os parâmetros estimados de cada variável explicativa, X_j são as variáveis explicativas e o subscrito i representa cada observação da amostra. É importante destacar que Z não é a variável dependente conhecida como Y. Em vez disso, o objetivo é definir a expressão da probabilidade P e da ocorrência do evento de interesse para cada observação em função do logito, ou seja, em função dos parâmetros estimados para cada variável explicativa, portanto, é necessário definir o conceito de chance de um evento ocorrer.

Ainda em conformidade com Fávero e Belfiore (2017), o logito Z é definido como o logaritmo natural da chance, como representado na eq. (3).

$$Z_i = \ln\left(\frac{p_i}{1 - p_i}\right) \quad (3)$$

Como o objetivo é estabelecer uma expressão da probabilidade de ocorrência do evento em estudo baseada no logito, isolando p_i na eq. (3), obtem-se a a probabilidade do evento ocorrer (eq. (4)) e a probabilidade do evento não ocorrer (eq. (5)).

$$p_i = \frac{1}{1 + e^{-Z_i}} \quad (4)$$

$$1 - p_i = \frac{1}{1 + e^{z_i}}$$ (5)

A expressão geral da probabilidade estimada de ocorrência de um evento pode ser encontrada substituindo Z_i na eq. (4). Sendo apresentada na eq. (6).

$$p_i = \frac{1}{1 + e^{-(\alpha + \beta_1 \cdot X_{1i} + \beta_2 \cdot X_{2i} + \cdots \beta_k \cdot X_{ki})}}$$ (6)

e a probabilidade de ocorrência de não evento, é apresentada na eq. (7).

$$1 - p_i = \frac{1}{1 + e^{(\alpha + \beta_1 \cdot X_{1i} + \beta_2 \cdot X_{2i} + \cdots \beta_k \cdot X_{ki})}}$$ (7)

Neste contexto, as métricas de avaliação para algoritmos de aprendizado de máquina que permitem avaliar se as técnicas de pré-processamento melhoram significativamente o projeto ou não. Os algoritmos de classificação utilizados nos experimentos podem ser avaliados quantitativamente com a ajuda das métricas (CARDOSO, 2022).

De acordo com Lunelli (2019), a avaliação do desempenho de um classificador depende das contagens de exemplos de testes previstos por ele corretamente e incorretamente, quando um conjunto de dados tem apenas duas classes, é usualmente considerado uma como "positiva" e a outra como "negativa". Com isso, tem-se a matriz de confusão, onde suas entradas são os verdadeiros positivos (VP), falsos positivos (FP), verdadeiros negativos (VN) e falsos negativos (FN). A Tabela 1 representa uma matriz de confusão

Tabela 1. Matriz de Confusão

	Verdadeiro -	Verdadeiro +
Predito -	VN	FN
Predito +	FP	VP

Fonte: Lunelli (2019)

Ainda em conformidade com Lunelli (2019), tem-se diversas métricas as quais podem ser derivadas da matriz de confusão. Como a acurácia, apresentada na eq. (8), a porcentagem de casos classificados corretamente pelo classificador.

$$A = \frac{VP + VN}{VP + VN + FP + FN} \qquad (8)$$

Também se tem a sensibilidade ou *recall*, representada na eq. (9), é a proporção de exemplos positivos que são corretamente identificados.

$$S = \frac{VP}{VP + FN} \quad (9)$$

A especificidade, representada na eq. (10), é a proporção de exemplos negativos os quais são corretamente identificados.

$$E = \frac{VN}{VN + FP} \quad (10)$$

A precisão, representada na eq. (11), é uma medida que fornece a porcentagem de positivos corretamente previstos sobre o total de positivo previstos.

$$P = \frac{VP}{VP + FP} \quad (11)$$

É possível combinar a exatidão e o recall em uma única medida, chamada de medida F1 ou F1-*score*. A medida F1 é a média harmônica da exatidão e do recall, ambas com peso igual. A medida F1 é representada na eq. (12).

$$F1_{score} = 2 \times \frac{precisão \times recall}{precisão + recall} \quad (12)$$

De acordo com Cardoso (2022), quando há penalidades diferentes para cada tipo de erro, um equilíbrio entre sensibilidade e especificidade pode ser apropriado. A curva ROC (*Receiver Operating Characteristic*) é o instrumento adequado para medir a sensibilidade e a especificidade produzidas por todos os pontos de corte possíveis para probabilidades previstas. Portanto, o desempenho geral do classificador pode ser medido pela área abaixo da curva (AUC) ROC; quanto maior a AUC, mais próxima de 1, melhor é a performance do modelo.

3 RESULTADOS E DISCUSSÕES

Realizou-se uma limpeza e padronização dos dados e com isto iniciou-se a compreensão destes dados, sendo assim, foi utilizado estatística descritiva, a qual conforme Fávero e Belfiore (2017), descreve e sintetiza as características principais observadas em um conjunto de dados por meio de tabelas, gráficos e medidas-resumo, permitindo melhor entendimento do comportamento dos dados.

A Figura 1 apresenta um histograma da idade dos clientes, a faixa etária mais presente nos dados é aquela entre 20 e 40 anos de idade, sendo assim, a maioria são jovens até a meia idade. Para uma melhor visualização, a idade foi categorizada em décadas, o qual a Tabela 2 apresenta por meio de uma Tabela de Frequência, onde observou-se até os 40 anos uma representação de 91,07% dos clientes, provavelmente a população economicamente ativa.

Figura 1. Histograma da idade dos clientes

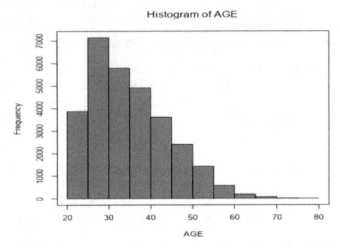

Fonte: Autor

Tabela 2. Frequência da idade

Idade	Frequência	Porcentagem	Frequência Acumulativa	Porcentagem Acumulativa
30-40	11.238	37,46	11.238	37,46
20-30	9.618	32,06	20.856	69,52
40-50	6.464	21,55	27.320	91,07
50-60	2.341	7,8	29.661	98,87
60-70	247	0,82	29.908	99,69
>80	67	0,22	29.975	99,92
70-80	25	0,08	30.000	100

Fonte: Autor

Conforme disposto na Tabela 3, observou-se a maioria dos clientes com algum nível de instrução, sendo 46,77 % têm universidade completa, 35,28 % têm pós-graduação, sendo assim, mais de 80% dos clientes.

Tabela 3. Frequência do grau de instrução

Instrução	Frequência	Porcentagem	Frequência Acumulativa	Porcentagem Acumulativa
Universidade	14.030	46,77	14.030	46,77
Pós-Graduação	10.585	35,28	24.615	82,05
Ensino Médio	4.917	16,39	29.532	98,44
Outros	468	1,56	30.000	100

Fonte: Autor

De acordo com a Figura 2, a base de dados tem uma maior representação de clientes do sexo feminino, somando 18.112, em contraste com os 11.888 clientes do sexo masculino

Além disso, ao analisar o estado civil dos clientes, constatou-se que 15.964 indivíduos eram solteiros, formando a maioria, em contraste com 13.659 casados, como evidenciado na Figura 3.

Figura 2. Quantidade de clientes por sexo

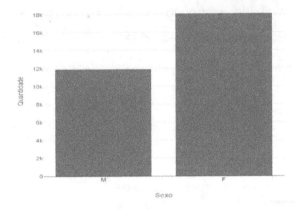

Fonte: Autor

Figura 3. Quantidade de clientes por estado civil

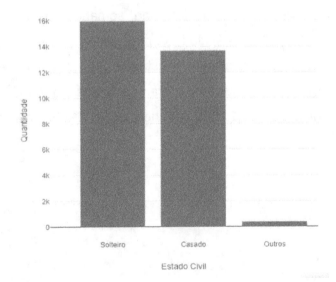

Fonte: Autor

Com relação aos limites de créditos dos clientes, a base de dados indicou o limite mínimo de NT$ 10.000, o limite máximo de NT$ 1.000.000, a média de limite entre os clientes é de NT$ 167.484,32 e a moda, a qual é o limite mais frequente entre os clientes, é de NT$ 50.000. A Figura 4 apresenta um histograma dos limites de crédito dos clientes, para uma melhor visualização.

Figura 4. Histograma de limite de crédito dos clientes

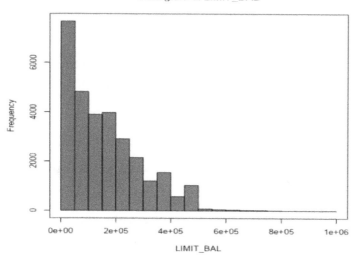

Fonte: Autor

A Tabela 4, apresenta medidas estatísticas tanto do limite dos clientes, quanto de mais duas variáveis quantitativas importantes para um melhor entendimento dos dados, sendo elas *'BILL_AMT1'* representando o extrato da conta a se pagar, e o *'PAY_AMT1'* representando o último pagamento realizado. A média da fatura a se pagar dos clientes é de NT$ 51.246,05, enquanto a média do último pagamento foi de NT$ 5.663,58, isso significa que a média de pagamento é quase dez vezes menor que a conta.

Tabela 4. Medidas Estatísticas

Variável	Mínimo	Máximo	Média	1º Quartil	Mediana	3º Quartil	Desvio Padrão
LIMIT_BAL	10.000	1.000.000	167.484,32	50.000	140.000	240.000	129.747,66
BILL_AMT1	0	964.511	51.246,05	3.558,75	22.381,5	67.091	73.608,03
PAY_AMT1	0	873.552	5.663,58	1.000	2.100	5.006	16.563,28

Fonte: Autor

Observou-se que os clientes tendiam a ter valores menores de faturas e pagamentos de cartão de crédito. Em alguns meses, as faturas dos clientes aumentaram, mas os pagamentos não acompanharam esse crescimento. Isso sugere que houve um desequilíbrio entre as despesas do cartão de crédito e os pagamentos realizados pelos clientes.

A base de dados utilizada no estudo, possui um desbalanceamento entre adimplentes e inadimplentes, com 77,88% representando os clientes em situação de adimplência e 22,12% caracterizando aqueles em situação de inadimplência. Uma análise mais profunda, segmentada por gênero, evidencia a maioria das mulheres, cerca de 76,2%, foram classificadas como adimplente, enquanto 23,8% foram consideradas inadimplentes. No segmento masculino, 75,8% são adimplentes, e 24,2% estão em situação de inadimplência, como apresentado na Figura 5.

Figura 5. Proporção de adimplentes e inadimplentes por sexo

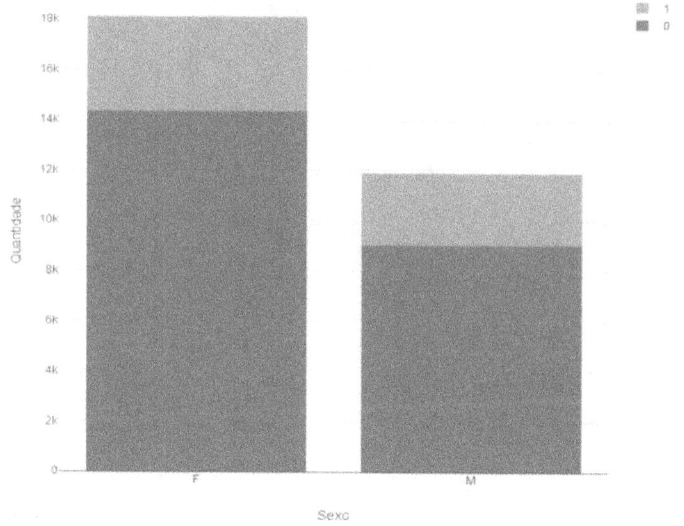

Fonte: Autor

Além disso, dos clientes casados, 76,5% são classificados como adimplentes, enquanto 23,5% são identificados como inadimplentes. No caso dos clientes solteiros, a maioria, cerca de 79,0%, são considerados adimplentes, em comparação com 21,0% os quais são inadimplentes. Para o grupo "Outros" em termos de estado civil, a grande maioria, 76,4%, são adimplentes, enquanto apenas 23,6% são inadimplentes. Como apresentado pela Figura 6.

Figura 6. Proporção de adimplentes e inadimplentes por estado civil

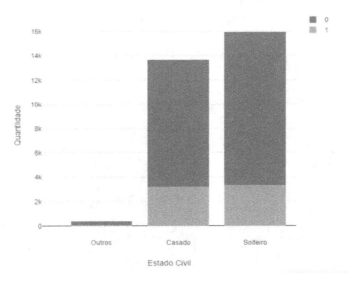

Fonte: Autor

Os padrões distintos no comportamento financeiro dos clientes em diferentes estágios da vida são dispostos na Tabela 5, referente à faixa etária e indicadores de adimplência. Na faixa etária de vinte anos, a maioria, representando 77,1%, é classificada como adimplente, enquanto 22,9% são inadimplentes. O padrão é o mesmo nas faixas etárias de trinta, quarenta e cinquenta anos. Nessas faixas etárias, a proporção de pessoas cumpridoras de suas obrigações é de 75,2% a 79,7%, enquanto a proporção de pessoas que não cumprem as obrigações é de 20,3% a 24,8%. Na faixa etária de sessenta, setenta e oitenta anos, é notável que há menos clientes, tanto adimplentes quanto inadimplentes.

Tabela 5. Distribuição de Adimplência por Faixa Etária

Faixa Etária	Situação	Quantidade	Porcentagem (%)
20-30	Adimplente	7421	77,1
20-30	Inadimplente	2197	22,9
30-40	Adimplente	8962	79,7
30-40	Inadimplente	2276	20,3
40-50	Adimplente	4979	77
40-50	Inadimplente	1485	23
50-60	Adimplente	1759	75,2
50-60	Inadimplente	582	24,8
60-70	Adimplente	181	73,3
60-70	Inadimplente	66	26,7
70-80	Adimplente	18	72
70-80	Inadimplente	7	28
>80	Adimplente	44	65,7
>80	Inadimplente	23	34,3

Fonte: Autor

Notavelmente, entre os indivíduos com ensino médio, a maioria, representando 74,8%, são classificadas como adimplentes, enquanto 25,2% são inadimplentes. Em contrapartida, os clientes com educação pós-graduação apresentam uma elevada proporção de adimplência, com 80,8%, e 19,2% considerados inadimplentes. A categoria de universidade também exibe uma maioria de adimplentes, com 76,2%, e 23,8% de inadimplentes. No grupo "Outros", a esmagadora maioria, 92,9%, são classificadas como adimplentes, enquanto apenas 7,1% são inadimplentes. Conforme apresentado na Figura 7.

Figura 7. Proporção de adimplentes e inadimplentes por nível de educação

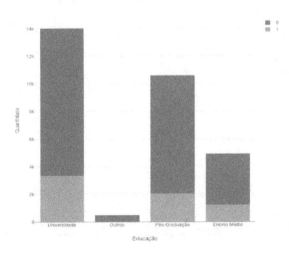

Fonte: Autor

Com isso, foi feita uma análise de associação para verificar quais variáveis quantitativas apresentam uma associação bivariada entre si. A medida de associação utilizada foi a correlação de *Pearson*, a qual é apresentada pela Figura 8. Por essa análise, percebeu-se que apenas os campos '*BILL_AMT*', tem uma alta correlação entre si.

Figura 8. Análise de associação utilizando correlação de Pearson

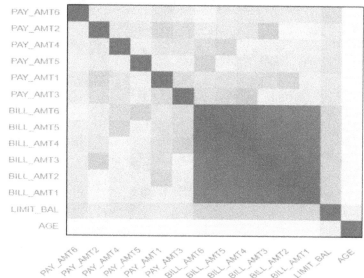

Fonte: Autor

A criação de variáveis '*dummies*' para as variáveis qualitativas foi realizada após a análise dos clientes. Algumas dessas variáveis apresentaram uma alta colinearidade entre si, como pode ser observado na Figura 9, indicando multicolinearidade entre si, o que pode atrapalhar na construção do modelo, sendo assim, as variáveis as quais apresentaram alta colinearidade entre si, foram removidas para a construção do modelo

Figura 9. Análise de associação utilizando correlação de Pearson das variáveis "*dummy*"

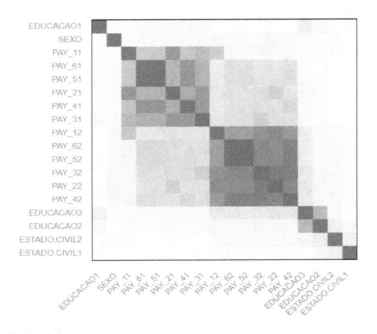

Fonte: Autor

Após a remoção das variáveis as quais apresentavam alta colinearidade entre si, foi utilizado a métrica *Variance Inflation Factor*, ou como é mais conhecida VIF, com essa métrica verificou-se que todas as variáveis apresentavam um VIF<2. Isso indica que a multicolinearidade das variáveis explicativas reduziu significativamente (Fávero e Belfiore, 2017).

A análise de associação foi apresentada na Figura 10, onde a correlação de Pearson foi utilizada para as variáveis explicativas que contribuíram para a construção dos modelos.

Figura 10. Análise de associação utilizando correlação de Pearson das variáveis dos modelos

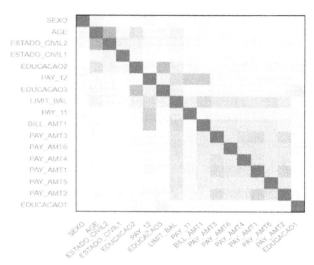

Fonte: Autor

Consequentemente, os dados foram divididos em 70% para treinamento e 30% para teste. Assim foi criado um modelo de Regressão Logística no qual todas as variáveis explicativas foram utilizadas, cujas métricas são apresentadas na Tabela 6.

Tabela 6. Métricas do primeiro modelo de Regressão Logística

Modelo	Acurácia	Recall	Especificidade	Precisão	F1-score	AUC
Regressão_Logística_1	81,6%	34,8%	94,38%	62,86%	44,8%	0,7582

Fonte: Autor

Mesmo com uma acurácia elevada, o modelo não prevê de forma considerável, como pode ser observado na tabela, devido a um *recall* e uma precisão baixa observou-se que a predição dos inadimplentes apresentou muitos erros. Sendo 34,8% a proporção de exemplos positivos que foram corretamente classificados, e 62,86% a porcentagem de positivos corretamente previstos comparados com o total de positivos previstos.

Dessa forma, foi identificado um viés existente nos dados da base de entrada, sendo definido como uma distorção sistemática que prejudica a representatividade dos dados (Rohani, 2021), e com isso, após a análise e entendimento dos modelos e da base, alguns registros da base tiveram seus rótulos trocados, a regra foi de clientesque estavam há alguns meses sem pagar e eram considerados adimplentes, foram considerados inadimplentes. A rotulação dos exemplos deve ser precisa, pois terá impacto na determinação da capacidade de generalização do modelo (Fernandes e Regô, 2023). A saída do modelo é diretamente influenciada pela qualidade dos dados, pois dados rotulados adequadamente fornecem uma base sólida para testar e

320

desenvolver modelos posteriores. Assim, a base de dados ficou com uma proporção de 74,76% de adimplentes e 25,24% de inadimplentes.

Após os ajustes nos dados e utilizando as variáveis com a remoção das que possuíam multicolinearidade, um modelo final foi ajustado, cujo seus coeficientes são apresentados na Tabela 7.

Foi realizado um teste para verificar a significância estatística geral do modelo, chamado qui-quadrado. Com o teste o modelo apresentou um p-valor associado ao qui-quadrado de $2,2 * 10^{-16}$, o qual ao nível de significância de 5%, de acordo com Fávero e Belfiore (2017), permite rejeitar a hipótese nula de todos os parâmetros serem estatisticamente iguais a 0, ou seja, pelo menos uma variável preditora é estatisticamente significante para explicar a probabilidade de inadimplência.

Tabela 7. Coeficientes das variáveis explicativas

Variável Preditora	Coeficientes
Intercepto	-2,0104
LIMIT_BAL	$-2,565*10^{-6}$
AGE	0,001672
BILL_AMT1	$1,630*10^{-6}$
PAY_AMT1	$-1,126*10^{-6}$
PAY_AMT2	$-6,868*10^{-6}$
PAY_AMT3	$-2,884*10^{-6}$
PAY_AMT4	$-4,395*10^{-6}$
PAY_AMT5	$-1,991*10^{-6}$
PAY_AMT6	$-4,058*10^{-6}$
SEXO	0,10949
ESTADO CIVIL1	0,130386
ESTADO CIVIL2	-0,070929
EDUCACAO1	-0,698738
EDUCACAO2	-0,011866
EDUCACAO3	0,034981
PAY_11	3,401796
PAY_12	0,572313

Fonte: Autor

O coeficiente estimado para as variáveis *"dummy"* PAY_1, teve um efeito positivo grande, dessa forma, entende-se: clientes que pagam o mínimo ou estão com pagamentos atrasados, tem uma maior probabilidade de serem inadimplentes. Esse resultado apontou o esperado de clientes com atrasos em seus pagamentos.

Considerando o sexo, os homens apresentaram uma maior probabilidade de serem inadimplentes. Já em relação ao estado civil do cliente, os solteiros têm uma probabilidade menor de inadimplência, enquanto os casados possuem uma probabilidade maior. E pela educação, os clientes na categoria "outros", tem uma menor probabilidade de ser inadimplente, enquanto aqueles que possuem universidade possuem uma probabilidade mais elevada de inadimplência.

As métricas desse modelo, melhoraram bastante em comparação ao primeiro, sendo essas métricas apresentadas na Tabela 8.

Tabela 8. Métricas do modelo final de Regressão Logística

Modelo	Acurácia	*Recall*	Especificidade	Precisão	F1-*score*	AUC
Regressão_Logistica_final	86,46%	67,15%	93,02%	76,57%	71,55%	0,8461

Fonte: Autor

As previsões realizadas obtiveram melhores resultados, agora com as métricas mais equilibradas entre si, com a sensibilidade acima de 65% e a especificidade acima de 90%, e com uma AUC de 0,8461.

Para a Árvore de Decisão, foi ajustado um primeiro modelo com as mesmas variáveis do modelo de Regressão Logistica, e com a mesma disposição de treino e teste realizada no modelo de Regressão Logística. Os resultados são apresentados na Tabela 9.

Tabela 9. Métricas do primeiro modelo de Árvore de Decisão

Tabela 9. Métricas do primeiro modelo de Árvore de Decisão

Modelo	Acurácia	Recall	Especificidade	Precisão	F1-score	AUC
Árvore_de_Decisão_1	81,63%	35,57%	94,21%	62,68%	45,39%	0,6881

Fonte: Autor

Embora o modelo possua uma acurácia elevada, ele apresentou um recall e uma precisão baixa. Sendo assim, com um recall tão baixo, o modelo não consegue prever bem os inadimplentes, mas consegue prever os adimplentes.

Assim, como no modelo anterior, foram trocados alguns registros, os quais deixavam a base de dados com viés, interferindo no treinamento e na performance do modelo. E utilizou as variáveis com a remoção de multicolinearidade. Com isso, um modelo final foi ajustado.

Primeiramente, foi realizado o ajuste do custo de complexidade da árvore, visto que a poda de árvores de decisão depende desse parâmetro. A poda é um método para melhorar a generalização do modelo para dados não vistos e segundo Abreu (2022), ajuda a deixá-lo menos complexo e evitar *overfitting* ou sobreajuste. Para buscar o melhor valor do custo de complexidade, foi utilizado 5 números de partições a serem utilizadas na validação cruzada, onde o menor erro de validação cruzada indica o melhor custo de complexidade para o modelo, o qual para esse trabalho foi $cp = 0,001$.

Para os outros hiperparâmetros, foi utilizada a técnica de *Grid Search*, a qual segundo Alvarenga (2018), cada hiperparâmetro é delimitado em torno de um intervalo particular de busca, no qual acredita-se que seja um potencial local para a varredura, ou seja, consiste no uso de uma grade de valores pré-definidos para identificar os mais adequados para uma árvore de decisão. Após a utilização dessa técnica, os hiperparâmetros utilizados no modelo foram $minsplit = 12$, $minbucket = 20$ e $maxdepth = 10$.

A Árvore de Decisão utilizada na classificação é apresentada na Figura 11.

Figura 11. Árvore de Decisão

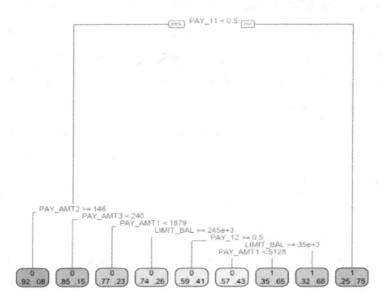

Diagrama de árvore

Fonte: Autor

As métricas desse modelo apresentaram uma grande melhora em comparação ao primeiro, essa métricas são apresentadas na Tabela 10.

Tabela 10. Métricas do modelo final de Árvore de Decisão

Tabela 10. Métricas do modelo final de Árvore de Decisão

Modelo	Acurácia	Recall	Especificidade	Precisão	F1-score	AUC
Árvore_de_Decisão_final	86,74%	70,08%	92,41%	75,83%	72,84%	0,8432

Fonte: Autor

Com uma especificidade acima de 90%, um *recall* acima de 70% e um AUC de 0,8432, o modelo apresentou um melhor balanceamento entre as previsões certas positivas e negativas, apresentando uma melhora em comparação ao primeiro modelo.

Como foi utilizado histórico de pagamento dos clientes nas variáveis preditoras dos modelos, estes são de categoria *behavioral*, sendo de acordo com Melo Sobrinho (2007), visam a previsão de inadimplência, porém o seu foco é na análise de indivíduos que já são clientes da instituição e possuem uma relação creditícia.

Sendo assim ajudam nas decisões a serem tomadas, incluindo a atribuição de limites de crédito, a decisão de comercializar novos produtos para clientes específicos e, em casos de inadimplência, como gerenciar a recuperação da dívida (THOMAS, 2000).

Ambos os modelos finais, apresentaram em si métricas de avaliações parecidas tanto na base de treino quanto na base de teste, isso se deve ao fato de terem indicado que o modelo está adquirindo padrões úteis, os quais podem ser aplicados a dados não vistos. Pode ser um sinal de *overfitting* se as métricas de treino são muito melhores em comparação as de teste. Isso indica que o modelo está muito bem adaptado aos dados de treino específicos, mas não consegue generalizar para novos dados.

A performance do valor da AUC dos modelos foi bem semelhante, com valores de 0,8461 e 0,8432 para a Regressão Logística e Árvore de Decisão, respectivamente, valores mais elevados comparados ao de Moura (2018), o qual apresentou 0,766. De acordo com Sicsú (2010), se o valor for acima de 0,7 o modelo é aceitável. A Figura 12 apresenta as curvas ROC obtidas dos modelos.

Figura 12. Curvas ROC

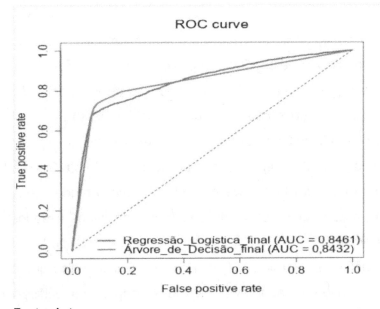

Fonte: Autor

Segundo Selau e Ribeiro (2009), os modelos com taxa de acerto superior a 65% são considerados satisfatórios pelos especialistas em análise de crédito. Sendo assim, ambos os modelos possuem taxas de precisão muito semelhantes, apontando que eles são igualmente eficazes na classificação geral. O modelo de Árvore de Decisão teve um *recall* melhor, isso implica em ser um pouco mais eficiente em encontrar verdadeiros positivos, ou seja, em encontrar instâncias positivas

corretamente classificadas. A Regressão Logística teve uma especificidade ligeiramente superior, mostrando sua maior capacidade de encontrar verdadeiros negativos, assim sendo melhor em encontrar instâncias negativas bem classificadas. Além disso a Regressão Logística teve uma precisão mais alta, isso implica, quando prevê positivo, é mais provável estar correto.

Se aplicou a estatística Kolmogorov-Smirnov (KS), a qual segundo Souza Júnior (2022), em modelos de análise de crédito é utilizada para comparar a função de distribuição empírica dos escores e dos grupos de bons e maus clientes, sendo assim, em modelos bem ajustados, os bons clientes são atribuídos, em sua maioria, altas probabilidades, enquanto os maus clientes, a maior concentração está nas baixas probabilidades. De acordo com Selau e Ribeiro (2009), o objetivo do cálculo do teste de KS é descobrir a diferença máxima entre duas distribuições acumuladas, obtendo-se uma diferença maior que 30 entre as distribuições de bons e maus pagadores, pode-se considerar que o modelo é eficiente na predição dos dois grupos. Com isso, o modelo de Regressão Logística apresentou um valor de KS de 58, próximo ao modelo de Moraes (2012), onde apresentou um KS de 59, e a Árvore de Decisão um valor de 62, superior ao modelo de *Random Forest* de Nonato (2022), que apresentou um valor de 54,7, o que mostra a capacidade de classificação dos modelos.

Os modelos iniciais, obtiveram métricas de avaliação ruins de acordo com Selau e Ribeiro (2009), não atingindo em 65% alguns casos, não mostrando-se satisfatórios dentro da análise de crédito. Além disso, as métricas de avaliação da base de treino estão maiores que a de teste, indicando que houve *overfitting* nos modelos, sendo assim, os modelos não conseguem generalizar para novos dados.

O ponto de corte, ou *cutoff*, é o valor da probabilidade utilizada na classificação entre categorias, o que significa que qualquer observação com probabilidade de previsão igual ou superior ao ponto de corte é classificada como evento, enquanto aquelas com probabilidade de previsão abaixo deste valor são classificadas como não evento (Nora, 2024). Para os modelos, foi utilizado o ponto de corte padrão do Alteryx de 0,5. Contudo, se o ponto de corte utilizado para a classificação for aumentado, tem-se um aumento na taxa de acerto do grupo positivo e diminuição na taxa de acerto do grupo negativo (Camargos et al., 2012), e, se diminuir

ocorre o contrário, assim alterando as métricas de avaliação.

Também, os modelos iniciais, comparados ao estudo feito por Colombi, Lopes e Mutz (2023), o qual utilizou a mesma base de dados, mas utilizou validação cruzada nos modelos, obtiveram resultados parecidos, com diferenças em apenas algumas métricas, como apresentado na Tabela 11.

Tabela 11. Análise comparativa dos resultados dos artigos do portfólio bibliográfico

Métrica	Regressão Logística Inicial da Pesquisa	Árvore de Decisão Inicial da Pesquisa	Regressão Logística do estudo de Colombi, Lopes e Mutz (2023)	Árvore de Decisão do estudo de Colombi, Lopes e Mutz (2023)
Recall	34,80%	35,57%	24,11%	36,62%
Acurácia	81,6%	81,63%	81,06%	74,82%
Precisão	62,86%	62,68%	71,24%	64,82%

Fonte: Autor

Embora utilizando bases de dados diferentes, com diversas variáveis explicativas foi possível identificar na literatura alguns estudos e assim sendo possível fazer o comparativo destas informações, estudos feitos por Santos (2015) e Araújo e Carmona (2007) como no modelo de Regressão Logística observou-se grande divergência dos

resultados do *recall* com relação à pesquisa de Santos (2015) e também com Araújo e Carmona (2007), já nos resultados de acurácia e especificidade, houve um pequeno diferencial com Araújo e Carmona (2007) e proximidade com Santos (2015), conforme pode-se observar na Tabela 12.

Tabela 12. Análise comparativa pelo método regressão logística dos resultados dos artigos do portfólio bibliográfico

Métrica	Dados da pesquisa	Santos (2015)	Araújo e Carmona (2007)
Recall	67,15%	44,8%	78,85%
Acurácia	86,45%	91,4%	80%
Especificidade	93,02%	98,1%	81,25%

Fonte: Autor

Para o modelo de Árvore de Decisão, Santos (2015) apresentou uma acurácia e especificidade uma variação pequena com relação à pesquisa e com relação ao *recall* apenas 12,01% de diferença, conforme pode-se observar na Tabela 13.

Tabela 13. Análise comparativa pelo método árvore de decisão dos resultados dos artigos do portfólio bibliográfico

Métrica	Dados da pesquisa	Santos (2015)
Recall	70,08%	82,09%
Acurácia	86,74%	89,74%
Especificidade	92,41%	90,83%

Fonte: Autor

5 CONSIDERAÇÕES FINAIS

As instituições financeiras no setor de crédito estão preocupadas com a possibilidade de seus clientes não cumprirem seus compromissos. Portanto, para reduzir a inadimplência e os impactos, é fundamental adotar uma gestão e análise de risco de crédito eficazes.

O uso de *Machine Learning* na análise de crédito é um grande avanço para as instituições financeiras na tomada de decisões e avaliação de riscos. Isso permite a classificação automatizada de clientes com base em seus perfis de crédito, usando algoritmos que são extraídos de grandes quantidades de dados.

Nesse capítulo, foram empregadas duas abordagens na análise de risco de crédito, sendo Árvore de Decisão e Regressão Logística, considerando históricos de pagamento e o uso de crédito para a previsão de inadimplência, com o objetivo de avaliar e comparar as métricas de avaliação dos modelos, e assim garantindo sua eficácia e precisão nas decisões.

Os modelos iniciais apresentaram métricas de avaliação insatisfatórios para o problema apresentado, e uma generalização inadequada para novos dados. Assim, após a análise e compreensão da base de dados e dos modelos, alguns registros tiveram seus rótulos trocados e novos modelos foram desenvolvidos.

Com isso, ambos os modelos finais, mostraram boa generalização para novos dados e apresentaram métricas de desempenho robustas com valores elevados na AUC. No entanto, a Árvore de Decisão se destacou ao atingir uma taxa de *recall* superior, de 70,08% contra 67,15% da Regressão Logística, tendo exibido uma capacidade maior de identificar inadimplentes. Está característica é importante em contextos de análise de risco de crédito, visto que é fundamental identificar clientes que são mais propensos a inadimplência.

Além disso, a análise da estatística Kolmogorov-Smirnov reforçou a eficácia da Árvore de Decisão com um valor mais alto, de 62 contra 58 da Regressão Logística, mostrando uma diferença significativa entre as distribuições
de probabilidades atribuídas aos bons e maus pagadores.

Os modelos desenvolvidos nesse trabalho, são caracterizados como *behavioral scoring* ou comportamentais dentro da análise de crédito, devido a utilizar variáveis explicativas como: atrasos de pagamento, a utilização do limite de crédito, além das variáveis demográficas. Desse modo, os modelos desenvolvidos deram um peso maior para as variáveis comportamentais como pôde ser visto.

As instituições financeiras podem usar esses modelos em várias áreas, como: avaliação de crédito, monitoramento contínuo de clientes, gestão de carteira, prevenção de fraudes, marketing e ofertas personalizadas, além de conformidade e regulamentação. Esses modelos também possibilitam a elaboração de planos de prevenção e cobrança mais eficientes, identificando clientes com maior risco de inadimplência.

A comparação com estudos anteriores destacou consistências e divergências nos resultados, enriquecendo a compreensão da eficácia desses modelos na previsão de inadimplência. Portanto, este estudo contribui não apenas para a compreensão aprofundada do tema, mas também para a aplicação prática de abordagens eficazes na gestão de risco de crédito.

6 REFERÊNCIAS

Abreu, L. E. de. 2022. People analytics: uso de árvores de decisão na retenção de talentos. Dissertação – Graduação em Estatística. Universidade Estadual Paulista. Presidente Prudente, SP, Brasil.

Alvarenga Júnior, W.J. de. 2018. Métodos de otimização hiperparamétrica: um estudo comparativo utilizando árvores de decisão e florestas aleatórias na classificação binária. Dissertação – Mestrado em Engenharia Elétrica. Universidade Federal de Minas Gerais, Belo Horizonte, MG, Brasil.

Araújo, E. A.; Carmona, C. U. D. M. 2007. Desenvolvimento de Modelos Credit Scoring com Abordagem de Regressão Logística para a Gestão da Inadimplência de uma Instituição de Microcrédito. Contabilidade Vista & Revista 18 (3): 107-131.

Baú, J.M. 2019. Implicações do fenômeno big data na tomada de decisão baseada em dados em uma cooperativa de crédito. Dissertação - Mestrado Em Administração. Universidade de Caxias do Sul, Caxias do Sul, RS, Brasil.

Brito, G.A.S.; Neto A.S. 2008. Modelo de classificação de risco de crédito de empresas. Revista Contabilidade & Finanças. 18-29.

Cabral, C.I.S. 2013. Aplicação do Modelo de Regressão Logística num Estudo de Mercado. Dissertação - Mestrado em Matemática Aplicada à Economia e à Gestão. Universidade de Lisboa, Lisboa, Portugal.

Camargos, M, A, de.; Araújo, E. A. T.; Camargos, M. C. S. 2012. A inadimplência em um programa de crédito de uma instituição financeira pública de minas gerais: uma análise utilizando regressão logística. Revista de Gestão. 19 (3): 473-492.

Cardoso, I.D.S. 2022. Técnicas de otimização e métricas de avaliação aplicadas a Machine Learning. Dissertação – Bacharel em Ciência da Computação. Instituto Federal Goiano, Rio Verde, GO, Brasil.

Chaia, A.J. 2003. Modelos de gestão de risco de crédito de sua aplicabilidade ao mercado brasileiro. Dissertação - Mestrado Em Administração. Universidade De São Paulo, São Paulo, SP, Brasil.

Colombini, L.R.; Lopes, R.S.; Mutz, F. 2023. Comparação de Algoritmos de Aprendizado de Máquina para Predição de Pontuação de Crédito. In: XIV Computer on the Beach, 2023, Florianópolis, SC, Brasil. Anais... p. 424-431.

Elkahwagy, D. M. A. S.; Kiriacos, C. J.; Mansour, M. 2024. Logistic regression and other statistical tools in diagnostic biomarker studies. Clinical and Translational Oncology.

Fávero, L. P.; Belfiore, P. 2017. Manual de análise de dados: estatística e modelagem multivariada com Excel®, SPSS® e Stata®. Elsevier, Rio de Janeiro, RJ, Brasil.

Fernandes, D. Y. S.; Regô, A. S. C. 2023. Viés, ética e responsabilidade social em modelos preditivos. Computação Brasil 51. 19-23.

Figueira, C. V. 2006. Modelos de Regressão Logística. Dissertação – Mestrado em Matemática. Univesidade Federal do Rio Grande do Sul, Porto Alegre, RS, Brasil.

Forti, M. 2018. Técnicas de *machine learning* aplicadas na recuperação de crédito do mercado brasileiro. Dissertação - Mestrado em Economia - Universidade Presbiteriana Mackenzie, São Paulo, SP, Brasil.

Garcia, S.C. 2003. O uso de Árvores de Decisão na descoberta de conhecimento na área de saúde. Dissertação - Mestrado em Ciência da Computação. Universidade Federal do Rio Grande do Sul, Porto Alegre, RS, Brasil.

Huscher, P.F.; Moreira, V.R.; Silva, R.A. 2020. *Rating* para avaliação de cooperativas de crédito: uma aplicação do modelo PEARLS. Revista de Gestão, Finanças e Contabilidade 10 (2): 22-38.

Lunelli, L.M. 2019. Previsão de resultados de jogos da NBA com algoritmos de *Machine Learning*. Dissertação – Mestrado em Gestão da Informação. Universidade Nova de Lisboa, Lisboa, Portugal.

Melo Sobrinho. M. J. V. de. 2007. Os modelos de análise de crédito podem ser divididos em duas categorias, modelos de aprovação de crédito e modelos de escoragem comportamental, também conhecidos por *behavioral scoring*. Dissertação – Pós-Graduação em Administração. Universidade Federal de Pernambuco, Recife, PE, Brasil.

Moraes, L.G. 2012. Uma abordagem alternativa de *behavioral scoring* usando modelagem híbrida de dois estágios com regressão logística e redes neurais. Monografia – Bacharel em Estatística. Universidade Federal do Rio Grande do Sul, Porto Alegre, RS, Brasil.

Moura, G.M. 2018. Regressão Logística aplicada a análise de risco de crédito. Monografia. Universidade Federal do Rio Grande, Rio Grande, RS, Brasil.

Nonato, C.T. 2022. Machine Learning aplicado na concessão de crédito: estudo comparativo. Monografia – MBA em Inteligência Artificial e Big Data. Universidade de São Paulo, São Carlos, SP, Brasil.

Nora, A. C. 2024. Modelos de classificação para dados desbalanceados: método SMOTE e variantes. Dissertação – Bacharel em Estatística. Universidade Federal de São Carlos, São Carlos, SP, Brasil.

Pinto, A.C. 2021. O poder preditivo dos modelos com aprendizado de máquina é superior aos modelos tradicionais para análise do risco de crédito?. Dissertação – Mestrado em Economia. Instituto Brasileiro de Ensino, Desenvolvimento e Pesquisa, Brasília, DF, Brasil.

Oliveira, R.N.C. de. 2006. Gestão de crédito e cobrança: estudo de caso em uma indústria de águas minerais. Monografia - Especialização em Estratégia e Gestão Empresarial - Universidade Federal do Ceará, Fortaleza, CE, Brasil.

Rohani, A. S. 2021. Bias Measurement in Small Datasets. Dissertação – Mestrado em Ciência da Computação. Khoury College of Computer Sciences, Boston, MA, Estados Unidos.

Rokach, L.; Maimon, O. 2014. Data mining with decision trees: theory and applications. 2 ed. World Scientific.

Santos, E. P. dos. 2015. Análise de crédito com segmentação da carteira, modelos de análise discriminante, regressão logística e *classification and regression trees* (cart). Dissertação -Mestrado em Ciências Contábeis. Universidade Presbiteriana Mackenzie, São Paulo, SP, Brasil.

Saunders, A. 2002. Medindo o Risco de Crédito. Novas Abordagens para Value at Risk. 10 ed. QualityMark.

Selau, L. P. R.; Ribeiro. J. L. D. 2009. Uma sistemática para construção e escolha de modelos de previsão de risco de crédito. Gestão & Produção 16 (3).

Serviços de Assessoria S. A. [SERASA]. 2023. Mapa de Inadimplência e Renegociação de Dívidas. Disponível em: https://www.serasa.com.br/limpa-nome-online/blog/mapa-da-inadimplencia-e-renogociacao-de-dividas-no-brasil/.Acesso em: 20 fev. 2024.

Sicsú. A.L. 2010. Credit Scoring: Desenvolvimento, Implantação, Acompanhamento. 1 ed. Blucher.

Silva, M.L.X. 2022. Um modelo de risco de crédito bayesiano para classificação de clientes inadimplentes. Dissertação - Mestrado Em Estatística. Universidade de Brasília, Brasília, DF, Brasil.

Souza Júnior, H. G. de. 2022. Comparação de métodos de inferência dos rejeitados em modelos de Credit Scoring. Dissertação – Mestrado em Ciência da Computação. Universidade Federal de Pernambuco, Recife, PE, Brasil.

Thomas, L.; Crook, J.; Edelman, D. Credit Scoring and Its Applications. 2 ed. Society for Industrial & Applied Mathematics [SIAM].

Thomas, L. C. 2000. A survey of credit and behavioural scoring: forecasting financial risk of lending to consumers. International Jounal of Forecasting 16. 149 – 172.

Torre, A.M.F. 2023. Modelo de avaliação de risco de crédito na Sonae MC. 2023. Dissertação - Mestrado em Gestão. Universidade Lusíada do Porto, Porto, Portugal.

Yeh, I. 2016. *Default of credit cards clients*. Disponível em: https://archive.ics.uci.edu/dataset/350/default+of+credit+card+clients. Acesso em: 16 set. 2023.

CAPÍTULO 10 | EXPLORANDO AS PREFERÊNCIAS DE TRABALHO PÓS-PANDEMIA: PRESENCIAL, HÍBRIDO OU HOME OFFICE?

Guilherme Rusticci Malavaze
Jorge Costa Silva Filho

RESUMO

O objetivo deste capítulo é identificar as preferências de funcionários em relação ao modelo de trabalho ideal (presencial, híbrido ou home office), considerando variáveis como cargo, área de atuação, gênero, faixa etária e escolaridade. O contexto aborda a transformação dos regimes de trabalho impulsionada pela pandemia da COVID-19, que popularizou os modelos híbrido e remoto. A questão problematizadora é: quais fatores influenciam a preferência dos colaboradores pelo modelo de trabalho ideal? A justificativa se baseia na importância de compreender essas preferências para alinhar expectativas e aumentar a satisfação e produtividade dos funcionários. A metodologia utilizou análise de correspondência para avaliar a associação entre preferências de modelo de trabalho e variáveis demográficas e profissionais. O referencial teórico aborda estudos sobre os efeitos da pandemia nos modelos de trabalho e o impacto do trabalho remoto nas organizações. Os resultados indicam uma relação significativa entre a escolha do modelo de trabalho e as variáveis cargo, área de atuação, gênero e faixa etária, mas não com o nível de escolaridade. Nas considerações finais, destaca-se a relevância de adaptar os modelos de trabalho para diferentes perfis de colaboradores, promovendo um ambiente de trabalho mais adequado às necessidades de cada grupo.

Palavras-chave: TRABALHO HÍBRIDO. HOME OFFICE. ANÁLISE DE CORRESPONDÊNCIA. PREFERÊNCIAS DOS FUNCIONÁRIOS.

1 INTRODUÇÃO

No período antes da pandemia do Covid-19 no Brasil (março de 2020), algumas empresas – como nas empresas pesquisadas por Castro (2022) - aplicavam testes e/ou implantações de regimes de trabalhos diferentes do presencial ao possibilitar o trabalho dos colaboradores de suas próprias casas em alguns dias da semana. O cenário mudou completamente e as empresas brasileiras viveram 3 anos (2020-2022) com mudanças na forma de trabalhar, devido as medidas de distanciamento social adotadas para conter a disseminação do vírus, citado no trabalho de Goes, Martins e Nascimento (2020).

O Covid-19 propôs uma nova realidade e com a necessidade de afastamento social para boa parte da população brasileira (exceto serviços essenciais – supermercados, drogarias, atividades de defesa nacional, assistência social, serviços funerários, atividades de segurança pública, serviços de saúde, entre outros). Com isso, um novo modelo de trabalho obteve uma grande aceleração e, o que antes era um período de testes, se tornou um modelo fundamental para as empresas seguirem atuando durante o período. Segundo Castro (2022), essa mudança rápida para uma nova forma de trabalhar impactou na dinâmica econômica, cultural e social, afetando na vida profissional e pessoal da população no mundo todo.

Como boa parte da população brasileira vacinada e a redução dos casos de Covid-19, as pessoas retornavam ao modelo tradicional (trabalho presencial) vivido anteriormente (até março de 2020). Contudo, após uma experiência intensa e duradoura em regimes mais flexíveis e de adaptação ao trabalho em casa, as empresas e funcionários discutem sobre qual o melhor regime de trabalho (presencial, híbrido ou *home office*) considerando os ramos de atuação, cargos e os prós e contras de cada um dos modelos abordados.

Essa discussão condiciona todo o sistema de trabalho, considerando que os impactos de implantação de um modelo ou outro afeta os funcionários (qualidade de vida, produtividade, tempo gasto de locomoção a empresa, atuação em serviços domésticos, proximidade e comunicação com gestores e colegas de trabalho, dinâmica de trabalho, horas trabalhadas, disciplina, gestão e planejamento de tempo, sanidade mental, flexibilização de carga horária e, até mesmo, escolha de vagas em empregos) e as empresas (gastos com aluguel de espaços,
clima da empresa, captação de profissionais no mercado de trabalho, gastos em materiais de escritório, comunicação interna e motivação do quadro de colaboradores).

Castro (2022) apresentou, de forma sucinta em suas contribuições, as diferenças entre os conceitos de teletrabalho e *home office*. Nesse sentido, o teletrabalho é um termo mais abrangente, por incluir o trabalho em outros lugares que não sejam a empresa (em espaços como cafeterias, *coworkings*, entre outros) e o trabalho realizado em casa (*home office*).

No estudo de Castro (2022) o foco principal foi um dos problemas principais destacados por Luz e Oliveira (2021): problemas de comunicação que o trabalho remoto muitas vezes apresenta para os colaboradores. Dessa forma, Castro (2022) aplicou um questionário diagnóstico buscando identificar as formas de comunicação dos funcionários e sua eficiência de acordo com a modalidade de trabalho, avaliando a experiência de casos em que um funcionário está trabalhando na empresa e está precisando se comunicar com o colega de trabalho que está trabalhando em casa.

As estratégias organizacionais e a análise da utilização da tecnologia no ambiente de trabalho foram testadas no trabalho de Castro (2022), de modo que, foi
confrontado a nova dinâmica flexível trabalho, a eficiência de uma variedade de meios de comunicação disponíveis (mensagens, e-mails, ligações e o presencial), a necessidade de trabalho em equipe dos times e a

importância do entendimento de todos os envolvidos da otimização dos meios de comunicações para envio de informações, controles, motivação de cada um e relação entre os membros da equipe.

As alertas no estudo de Castro (2022) ainda destacaram a necessidade de disciplina que o *home office* exige, a gestão do tempo de cada um (sem a supervisão do gestor que o presencial atinge) e o planejamento de entregas dentro das metas acordadas.

No trabalho de Luz e Oliveira (2021) foi citado com detalhamento algumas desvantagens do trabalho remoto (*home office*), como maior tempo de espera na resposta e/ou atendimento dos colegas de equipe ou de outras equipes (dificuldade de comunicação incomum em modelos presenciais) e problemas de gestão do tempo. Contudo, as vantagens também foram destacadas, como a possibilidade de os trabalhadores passarem mais tempo com a família, os benefícios emocionais e físicos, além do ganho de qualidade de vida da modalidade de trabalho proporciona (Luz e Oliveira, 2021).

1.1 Objetivo Geral

O presente capítulo tem como objetivo, entender qual o posicionamento dos colaboradores das empresas por cargo e ramo de atuação sobre o melhor modelo de trabalho (presencial, híbrido ou *home office*), buscando compreender os movimentos que o mercado tende a direcionar e como a dinâmica do mercado de trabalho tende a caminhar nos próximos anos.

1.2 Objetivo específico

a)   Avaliar a relação entre o cargo dos colaboradores e sua preferência por modelos de trabalho (presencial, híbrido ou remoto).

b)   Identificar como a área de atuação, gênero e faixa etária influenciam a escolha do modelo de trabalho ideal.

c)   Verificar a existência ou não de uma relação entre o nível de escolaridade e a preferência por diferentes modelos de trabalho.

1.3 Questão problematizadora

Quais os fatores que influenciam a preferência dos colaboradores pelo modelo de trabalho ideal?

2 METODOLOGIA

A metodologia utilizada para análise e geração de resultados foi análise de correspondência, conforme aprendizado em aula (curso *Data Science & Analytics*) e referências bibliográficas, como as contribuições de Carvalho e Struchiner (1992) frisando a importância da análise de correspondência na avaliação de dados descritivos utilizando de exemplo a aplicação da metodologia em uma aplicação na avaliação de serviços de vacinação. Além do estudo de Carvalho, Vieira e Moran (2002) fundamentado em apresentar a metodologia e testar em alguns exemplos práticos em diversos setores.

Segundo Carvalho e Struchiner (1992), a análise de correspondência pode ser utilizada para "descrever matrizes com grande volume de dados discretos e sem uma estrutura claramente definida" e permite visualizar relações entre variáveis entre si. Este método, de acordo com Carvalho e Struchiner (1992), se caracteriza por ser semelhante à análise fatorial e a análise de componentes principais, contudo se diferencia por aceitar a inclusão de variáveis categóricas.

Carvalho, Vieira e Moran (2002) descreveram a metodologia como "técnica multivariada para análise explanatória de dados categorizados", destacaram o fator positivo de não haver requisição de normalidade para a resposta avaliada e explicaram como o método converte uma matriz de dados não negativos em uma representação gráfica, permitindo a interpretação das relações entre as variáveis pelas distâncias entres os pontos construídos.

Para este estudo, foram disponibilizadas 8 perguntas, com opções de respostas pré-estabelecidas, com informações de perfil (nível de escolaridade, faixa etária, gênero, cargo e área de atuação do entrevistado) e perguntas referentes ao modelo de trabalho de preferência e suas vantagens. Uma pergunta sobre a atuação em modelos *home office* ou híbrido foi utilizada como filtro, com o intuito de manter somente quem já teve essa experiência (trabalhou de forma remota ou no modelo híbrido) participar da pesquisa.

Dessa forma, foram aplicados 147 questionários entre os dias 12/06/2023 e 24/06/2023 via ferramenta *Google Forms* por meio de envio do *link* da pesquisa na internet para grupos de *Whats App* e solicitando para pessoas repassassem para conhecidas respondessem o mesmo.

A pergunta "Qual o modelo de trabalho você tem preferência?" foi indagada no questionário e a metodologia Análise de Correspondência foi utilizada a partir dos p-valores calculados por meio do Qui Quadrado de cada variável (nível de escolaridade, faixa etária, gênero, cargo e área de atuação do entrevistado) em relação a preferência de modelo de trabalho (nível de significância de 5%) para avaliação da rejeição ou não da hipótese nula e criação de mapas perceptuais facilitando a visualização dos resultados.

3 RESULTADOS E DISCUSSÕES

Como apresentado na Figura 1, das 147 respostas válidas, a grande maioria dos entrevistados estavam na faixa etária entre 24 e 50 anos, sendo: 45 pessoas entre 24 e 30 anos, 51 pessoas entre 31 e 40 anos e 40 pessoas entre 41 e 50 anos, correspondendo 92,5% das pessoas entrevistadas. Além disso, 1 pessoa ainda não tinha 18 anos, 2 estavam entre 18 e 24 anos e 8 pessoas estavam na faixa etária acima de 50 anos.

Figura 1. Faixa etária dos entrevistados

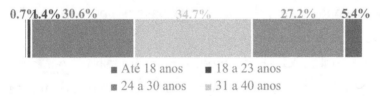

Fonte: Autor

Em seguida foi questionado sobre o gênero (feminino ou masculino) dos entrevistados, para entendimento futuro sobre uma possível distinção nas escolhas de modelos de trabalho (presencial, remoto ou híbrido) e seus impactos no dia a dia entre as mulheres e os homens.

Como observado na Figura 2 a seguir, a maioria das pessoas entrevistadas eram mulheres (85 pessoas, representando 57,8% do público), e as demais 62 pessoas eram do gênero masculino (42,2% do público).

Figura 2. Gênero dos entrevistados

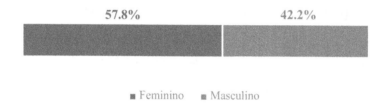

Fonte: Autor

Na pergunta de perfil posterior, foi questionado o grau de escolaridade dos participantes e, nesse sentido, somente 1 pessoa possuía ensino médio incompleto, 3 pessoas não finalizaram o ensino superior, 70 pessoas já finalizaram o ensino superior, 8 estavam com a pós graduação incompleta e 65 terminaram a pós graduação, conforme apresentado na Figura 3 abaixo, a distribuição percentual do perfil de grau de escolaridade. Importante notar que a maioria do público entrevistado possuía ao menos o ensino superior completo (cerca de 97,2%).

Figura 3. Grau de escolaridade dos entrevistados

Fonte: Autor

Na Figura 4 observou-se a área de atuação dos respondentes, sendo 86 pessoas atuavam no ramo bancário/financeiro, 14 em áreas de comercial/vendas, 11 em comunicação, 11 em setores administrativos em empresas de bens e serviços, 4 de consultorias/auditorias, 3 da área da saúde, 1 advogado e 17 pessoas atuavam em outros ramos diversos. Vale ressaltar que boa parte das áreas dos entrevistados possibilitavam o trabalho remoto, provavelmente somente o setor da saúde possuía uma restrição desse tipo de modelo de trabalho entre as áreas de trabalho dos entrevistados.

Figura 4. Área de atuação dos entrevistados

Área de atuação	%
Financeiro / Bancário	58,5%
Outros	11,6%
Comercial/Vendas	9,5%
Comunicação	7,5%
Administrativa em empresas de bens ou de serviços	7,5%
Saúde	2,0%
Consultoria / Auditoria	2,7%
Advocacia	0,7%
Total Geral	100,0%

Fonte: Autor

O questionamento da pergunta seguinte foi sobre o cargo de atuação dessas pessoas no mercado de trabalho, com agrupamentos entre gestão, funcionários e donos de empresas, conforme Figura 5. Cento e onze pessoas (mais de ¼ do público total entrevistado) pertenciam funcionários/colaboradores/analistas, vinte e oito ocupavam cargo de gestão e oito eram proprietários/donos de empresas.

Figura 5. Cargo dos entrevistados

■ Gestor ■ Proprietário ▪ Funcionário / colaborador / analista

Fonte: Autor

Na Figura 6 foram apresentadas as informações referentes as preferências dos entrevistados em relação ao melhor modelo de trabalho: híbrido (alguns dias *home office* e alguns dias no modelo presencial), *home office* ou presencial. A opção mais escolhida foi *home office* (72 pessoas optaram por esse modo de trabalho), além disso 70 pessoas tinham preferências pelo modelo híbrido e apenas 5 pessoas responderam na opção presencial.

Figura 6. Melhor modelo de trabalho

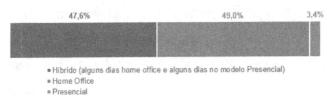

■ Híbrido (alguns dias home office e alguns dias no modelo Presencial)
■ Home Office
■ Presencial

Fonte: Autor

Nas próximas figuras 6, 7 e 8 foram apresentados os motivos principais - cada respondente poderia escolher mais de uma opção entre as alternativas disponibilizadas, até por isso a soma das escolhas não atinge 100% em cada gráficos - pelas escolhas dos entrevistados pelo modelo de trabalho escolhido na pergunta anterior (Figura 6).

Dessa forma, foi observado na Figura 7, para os respondentes com preferência pelo modelo *home office,* 52 das 147 pessoas entrevistadas citaram o motivo "Ausência de tempo gasto em locomoção até a empresa", 52 pontuaram "Qualidade de vida e passar mais tempo com a família" como fator importante na escolha do *home office*, 29 destacaram o "Ganho de produtividade", 22 respondentes optaram pelo motivo de "Conciliar os serviços de casa e o trabalho", 11 pontuaram a opção "Flexibilidade de horário", 9 escolheram "Reduz problemas de sanidade mental e psicológicos", 2 pessoas lembraram dos ganhos no ambiente da equipe em "Melhor interação com a equipe/gestor" no *home office*, somente 1 pessoa lembrou da "Melhoria na comunicação interna da empresa" nesse sistema de trabalho.

A escolha desse modelo (*home office*) trouxe ganhos fora do ambiente de trabalho e, ao mesmo tempo ganho de produtividade, mas a comunicação e a relação

com a equipe foram prejudicadas. Notou-se, dessa forma, semelhanças com os resultados obtidos por Luz e Oliveira (2021), visto que os profissionais de tecnologia enfrentaram

dificuldades com a comunicação no período da pandemia, como demora na resposta dos colegas de equipe e algumas falhas de comunicação, e destacaram vantagens, como ficar mais tempo com a família e ganhos de qualidade de vida, além da maioria dos entrevistados também preferiram o modelo de trabalho de trabalho *home office* (69,2% na pesquisa de Luz e Oliveira (2021) *versus* 49,0% neste trabalho).

Foi observado na Figura 8 as escolhas principais do público optante pelo modelo híbrido de trabalho. Sendo 37 pessoas apontaram a "Ausência de tempo gasto em locomoção até a empresa" como fator para a escolha, a segunda opção mais escolhida foi a "Qualidade de vida e passar mais tempo com a família" (37 pessoas), em seguida 28 entrevistados apontaram "Ganho de produtividade", 20 escolheram "Flexibilidade de horário", 19 defenderam uma "Melhor interação com a equipe/gestor" no sistema híbrido, "Conciliar o serviços de casa e o trabalho" foi lembrado por 19 pessoas, a opção "Reduz problemas de sanidade mental e psicológicos" foi escolhida por 10 pessoas, 6 pessoas pontuaram na "Melhoria na comunicação interna da empresa" e, por fim, 4 pessoas entenderam que há "Redução da carga de trabalho" na sua experiência no modelo híbrido de trabalho.

Em relação ao trabalho remoto, o modelo híbrido mostrou-se mais equilibrado entre os pontos positivos, pois foram apontados ganhos de ausência de perda de tempo de locomoção, qualidade de vida e produtividade (já citados com destaque no modelo *home office*), além de muitos entrevistados também destacarem a melhoria na relação com a equipe/gestores.

Figura 7. Motivos do modelo de preferência - escolha: modelo *home office*

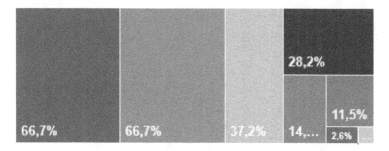

■ Ausência de tempo gasto em locomoção até a empresa

■ Qualidade de vida e passar mais tempo com a família

▨ Ganho de produtividade

■ Conciliar o serviços de casa e o trabalho

▨ Flexibilidade de horário

▨ Reduz problemas de sanidade mental e psicológicos

Fonte: Autor

Entretanto a comunicação e a carga horária seguiram sendo prejudica. Segundo a conclusão do estudo de Luz e Oliveira (2021), este modelo proporciona mais benefícios para a organização e para o colaborador.

Figura 8. Motivos do modelo de preferência - escolha: modelo híbrido

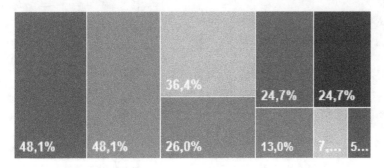

■ Ausência de tempo gasto em locomoção até a empresa

▨ Qualidade de vida e passar mais tempo com a família

▨ Ganho de produtividade

■ Flexibilidade de horário

■ Melhor interação com a equipe/gestor

■ Conciliar o serviços de casa e o trabalho

■ Reduz problemas de sanidade mental e psicológicos

Fonte: Autor

Para os entrevistados optantes pelo sistema de trabalho presencial como modelo de preferência, conforme Figura 9, somente quatro motivos foram selecionados, uma vez que poucas pessoas (3,1% do público total)

entrevistadas optaram pelo trabalho presencial. Dentre os escolhidos, destacou-se o motivo "Melhor interação com a equipe/gestor", pois 4 das 5 pessoas optaram esse fator como preponderante, além desse motivo, foram citados:

"Reduz problemas de sanidade mental e psicológicos", "Ganho de produtividade" e "Melhoria na comunicação interna da empresa", ambos citados por 2 entrevistados cada opção.

Figura 9. Motivos do modelo de preferência - escolha: modelo presencial

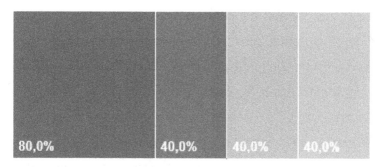

■ Melhor interação com a equipe/gestor
■ Reduz problemas de sanidade mental e psicológicos
▦ Ganho de produtividade
▦ Melhoria na comunicação interna da empresa
■ Ausência de tempo gasto em locomoção até a empresa
▦ Qualidade de vida e passar mais tempo com a família
■ Conciliar o serviços de casa e o trabalho

Fonte: Autor

Em resumo, notou-se as semelhanças entre os pontos destacados no trabalho de Luz e Oliveira (2021) com os resultados apresentados neste trabalho, uma vez que pontos como passar mais tempo com a família e o ganho de qualidade de vida do modelo *home office* foram citados em ambos os trabalhos, assim como o baixo nível de respondentes que preferem o modelo presencial.

Em relação ao modelo presencial, assim como o trabalho de Castro (2022), os ganhos na comunicação no modelo presencial ainda são fatores destacados pelos entrevistados, lembrando a importância das interações interpessoais, *happy hours*, almoços de equipe e até mesmo pausas para tomar café entre colegas de trabalho (Castro 2022).

De modo geral, o trabalho de Luz e Oliveira (2021) mostrou-se uma preferência mais clara no modelo *home office* (com 69,2% das escolhas dos entrevistados) em relação a este estudo, em que houve um equilíbrio maior entre as opções de *home office* e modelo híbrido (com 49,0% dos entrevistados optando por *home office* e 47,6% optando no modelo híbrido). Contudo, percebeu-se como esse modelo têm ganhado força nas escolhas dos trabalhadores e empresas e, paralelamente, como o modelo presencial cada vez mais perde espaço na escolha dos trabalhadores.

Aprofundando nas análises cruzadas de escolhas, nas figuras a seguir foram apresentadas as opções mais escolhidas por faixa etária, escolaridade, gênero, nível de escolaridade, área de atuação e cargo, com o intuito de traçar perfis de comportamento de quem optou por cada modelo de trabalho.

Na Figura 10, na maioria do público entrevistado (pessoas de 24 a 50 anos), a faixa etária de 24 a 30 anos apresentou uma leve preferência para o modelo híbrido, o público de 41 a 50 anos optou para o trabalho *home office* e entre 31 e 40 anos as escolhas estavam entre os 2 modelos citados com percentuais parecidos de preferências (51% para o modelo híbrido e 49% para *home office*). Somente 1 pessoa de 24 a 30 preferiu o presencial e as outras 4 pessoas entrevistadas optantes por este modelo estavam com faixa etária acima dos 41 anos.

Figura 10. Relação faixa etária x escolha de modelo de trabalho

Faixa Etária	Home Office	Hibrido	Presencial	Home Office	Hibrido	Presencial
Até 18 anos	0	1	0	0,0%	100,0%	0,0%
18 a 23 anos	2	0	0	100,0%	0,0%	0,0%
24 a 30 anos	20	24	1	44,4%	53,3%	2,2%
31 a 40 anos	25	26	0	49,0%	51,0%	0,0%
41 a 50 anos	23	15	2	57,5%	37,5%	5,0%
Acima de 50 anos	2	4	2	25,0%	50,0%	25,0%
Total Geral	72	70	5	49,0%	47,6%	3,4%

Fonte: Autor

Quando observado os resultados obtidos na relação entre o modelo de trabalho de preferência e as opiniões entre homens e mulheres, as escolhas femininas foram, em sua maioria, para modelos *home office* e o restante para o modelo híbrido. O comportamento dos homens não foi tão concentrado, mas possuía uma preferência de mais da metade dos entrevistados para o sistema híbrido, conforme apresentado na Figura 11.

Figura 11. Relação gênero x escolha de modelo de trabalho

Gênero	Home Office	Híbrido	Presencial	Home Office	Híbrido	Presencial
Feminino	48	37	0	56,5%	43,5%	0,0%
Masculino	24	33	5	38,7%	53,2%	8,1%
Total Geral	72	70	5	49,0%	47,6%	3,4%

Fonte: Autor

Na Figura 12, notou-se uma inversão de preferências entre os principais públicos por nível de escolaridade dos respondentes. Pessoas com o ensino superior completo ou incompleto possuíram preferência clara para o trabalho *home office*, já quem possuía pós graduação completa escolheu o modelo híbrido como ideal. O modelo presencial não estava concentrado em nenhum público por grau de escolaridade.

Na relação da área de atuação *versus* a escolha do modelo de trabalho (Figura 13), observou-se o maior público da pesquisa – Financeiro/Bancário – com preferência de mais de 60% para o modelo *home office*, assim como trabalhadores da área de comunicação. Já para o público dos ramos comercial/vendas e administrativos, a escolha foi no modelo híbrido.

Figura 12. Relação grau de escolaridade x escolha de modelo de trabalho

Escolaridade	Home Office	Híbrido	Presencial	Home Office	Híbrido	Presencial
Ensino Médio Incompleto	0	1	0	0,0%	100,0%	0,0%
Ensino Superior Incompleto	3	0	0	100,0%	0,0%	0,0%
Ensino Superior Completo	41	27	2	58,6%	38,6%	2,9%
Pós Graduação Incompleta	3	5	0	37,5%	62,5%	0,0%
Pós Graduação Completa	25	37	3	38,5%	56,9%	4,6%
Total Geral	72	70	5	49,0%	47,6%	3,4%

Fonte: Autor

Identificou-se, nos ramos de atuação, os modelos híbrido e *home office* representaram mais de 50% das escolhas dos entrevistados, sendo que o modelo presencial só foi escolhido por 5 das 147 participantes da pesquisa, corroborando novamente com os resultados obtidos pela pesquisa de Luz e Oliveira (2021) onde, para os trabalhadores, os modelos mais flexíveis (não presenciais) foram os mais escolhidos como modelo ideal e vieram para ficar.

Figura 13. Relação área de atuação x escolha de modelo de trabalho

Área de Atuação	Home Office	Híbrido	Presencial	Home Office	Híbrido	Presencial
Administrativa em empresas	4	6	1	36,4%	54,5%	9,1%
Advocacia	0	1	0	0,0%	100,0%	0,0%
Comercial/Vendas	3	11	0	21,4%	78,6%	0,0%
Comunicação	7	4	0	63,6%	36,4%	0,0%
Consultoria / Auditoria	2	2	0	50,0%	50,0%	0,0%
Financeiro / Bancário	52	33	1	60,5%	38,4%	1,2%
Não estou trabalhando	3	12	2	17,6%	70,6%	11,8%
Saúde	1	1	1	33,3%	33,3%	33,3%
Total Geral	72	70	5	49,0%	47,6%	3,4%

Fonte: Autor

As escolhas por cargo foram apresentadas abaixo na Figura 14, com destaque para a diversificação das escolhas: para os proprietários de empresas houve um equilíbrio na definição do melhor modelo de trabalho, para os gestores em sua maioria o modelo híbrido foi tratado como ideal e os funcionários/colaboradores/analistas possuíam preferência de mais de 50% no trabalho *home office*.

Figura 14. Relação cargo x escolha de modelo de trabalho

Área de Atuação	Home Office	Híbrido	Presencial	Home Office	Híbrido	Presencial
Funcionário/colaborador/analista	62	47	2	55,9%	42,3%	1,8%
Gestor	8	19	1	28,6%	67,9%	3,6%
Proprietário	2	4	2	25,0%	50,0%	25,0%
Total Geral	72	70	5	49,0%	47,6%	3,4%

Fonte: Autor

Aprofundando a análise da opção de tipo ideal de trabalho, foi realizado uma análise de correspondência
sobre a pergunta "Qual o modelo de trabalho você tem preferência?" indagada no questionário e os demais questionamentos aplicados na pesquisa (cargo, gênero, faixa etária, escolaridade e área de atuação).

Dessa forma, observando na Figura 15 a seguir, os p-valores calculados por meio do Qui Quadrado de cada variável em relação a preferência de modelo de trabalho e considerando o nível de significância de 5%, podemos concluir que as variáveis cargo, área de atuação, gênero e faixa etária rejeitaram a hipótese nula (hipótese que indicava que as relações entre essas variáveis e a escolha de modelo de trabalho eram aleatórias) e aceitavam a hipótese de existência de associação entre as variáveis testadas com a variável de modelo de trabalho (somente a variável escolaridade não rejeitou a hipótese nula).

Figura 15. P-valor de todas as variáveis em relação a preferência

Variável	p-valor
cargo	0,000696
área de atuação	0,004772
gênero	0,007185
faixa etária	0,035520
escolaridade	0,225700

Fonte: Autor

Prosseguindo a análise, nas Figuras 16 a 20 foram apresentados os resíduos padronizados ajustados (os resíduos que forem acima de 1,96 - nível de significância de 5% - indica a existência de associação das variáveis daquele cruzamento) e mapas perceptuais (facilitando a visualização das associações) para cada uma das variáveis que não rejeitaram H_0.

Inicialmente, foi identificado nas Figuras 16 e 17 a relação expressiva entre os proprietários de empresas com o modelo de trabalho presencial (lembrando que somente 5 dos entrevistados optaram por esse modelo de trabalho, sendo 2 donos de empresas), funcionários/colaboradores/analista com o sistema de trabalho *home office* e os gestores com a opção híbrida

Figura 16. Resíduos padronizados ajustados – Preferência de modelo de trabalho x cargo

	Home Office	Híbrido	Presencial
Func./colab./analista	2,9285	-2,2493	-1,8787
Gestor	-2,4010	2,3832	0,0552
Proprietário	-1,3953	0,1387	3,4659

Fonte: Autor

Figura 17. Mapa perceptual – preferência de modelo de trabalho x cargo

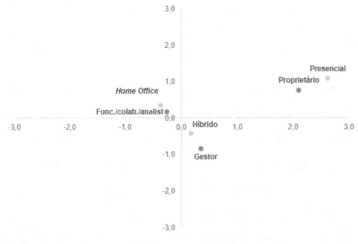

Fonte: Autor

Ao analisar os resíduos ajustados e o mapa perceptual da relação entre as preferências de tipo de trabalho com a área de atuação (segundo p-valor mais expressivo demonstrado na Figura 15), foram identificadas as seguintes associações: os segmentos Financeiro/Bancário e de Comunicação com o modelo *home office*, os setores Comerciais/Vendas com o modelo híbrido e, por fim, a área de Saúde com o presencial, conforme apresentados nas Figuras 18 e 19.

Figura 18. Resíduos padronizados ajustados – preferência de modelo de trabalho x área de atuação

	Home Office	Híbrido	Presencial
Administrativa	-0,8702	0,4782	1,0823
Advocacia	-0,9831	1,0524	-0,1883
Comercial/Vendas	-2,1680	2,4379	-0,7381
Comunicação	1,0110	-0,7771	-0,6470
Consultoria/Auditoria	0,0414	0,0967	-0,3805
Financeiro/Bancário	3,3076	-2,6654	-1,7779
Outros	-2,7481	2,0164	2,0229
Saúde	-0,5477	-0,5006	2,8898

Fonte: Autor

Figura 19. Mapa perceptual – preferência de modelo de trabalho x área de atuação

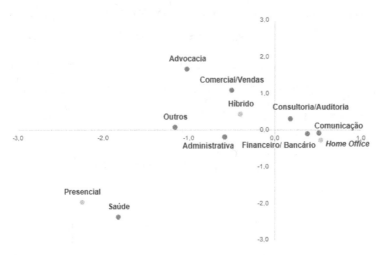

Fonte: Autor

Nas Figuras 20 a 23, observou-se que os homens e pessoas acima de 50 anos possuíam relações com o modelo de trabalho presencial, contudo essas associações com o modelo presencial poderiam estar sendo distorcidas pela baixa quantidade de respondentes da pesquisa que escolheram o modelo presencial (somente 5 respostas ou 3,4% do total). Além disso, as associações dos outros fatores por gênero e faixa etária não eram tão expressivas com a variável estudada preferências de modelo de trabalho.

Figura 20. Resíduos padronizados ajustados – preferência de modelo de trabalho x gênero

	Home Office	Híbrido	Presencial
Feminino	0,9868	-0,5464	-1,7003
Masculino	-1,1555	0,6398	1,9909

Fonte: Autor

Figura 21. Mapa perceptual – preferência de modelo de trabalho x gênero

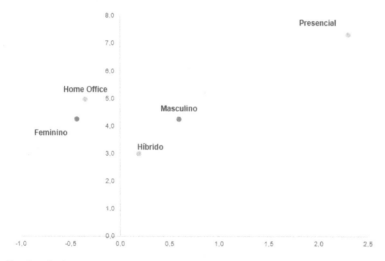

Fonte: Autor

Figura 22. Resíduos padronizados ajustados – preferência de modelo de trabalho x faixa etária

	Home Office	Híbrido	Presencial
Até 18 anos	-0,9831	1,0524	-0,1883
18 a 23 anos	1,4533	-1,3577	-0,2672
24 a 30 anos	-0,7306	0,9214	-0,5239
31 a 40 anos	0,0071	0,5948	-1,6582
41 a 50 anos	1,2635	-1,5020	0,6538
Acima de 50 anos	-1,3953	0,1387	3,4659

Fonte: Autor

Figura 23. Mapa perceptual – preferência de modelo de trabalho x faixa etária

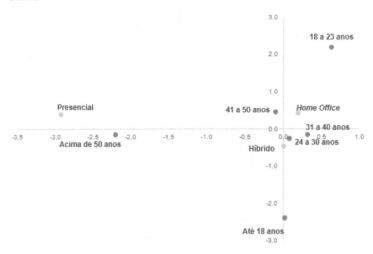

Fonte: Autor

As análises acima indicaram associações expressivas, principalmente entre os modelos de trabalho *home office* e híbrido com alguns perfis de cargo, área de trabalho, gênero e faixa etária, com graus elevados de correlação e que possibilitaram avanços nas interpretações do tema por meio da metodologia de análise de correspondência utilizada.

5 CONSIDERAÇÕES FINAIS

Considerando os resultados das análises cruzadas entre variáveis e das análises de correspondências por escolha de modelo de trabalho, a variável cargo apresentou a associação mais expressiva com a preferência do modelo de trabalho escolhido, contudo não podemos ignorar as demais interações identificadas neste capítulo.

Nesse sentido, foram destacadas as relações da opção *home office* com colaboradores, funcionários e analistas, trabalhadores do ramo financeiro/bancário e valorizavam, principalmente, o ganho com a ausência de tempo gasto em locomoção até a empresa, a qualidade de vida e passar mais tempo com a família proporcionado por este tipo de modelo.

As relações relevantes com o modelo híbrido foram com os cargos de gestores e profissionais das áreas de vendas, financeira e bancária e, além disso, apreciavam os mesmos fatores que o público com preferência de *home office* apontou, como o ganho com a ausência de tempo gasto em locomoção até a empresa, qualidade de vida e passar mais tempo com a família.

Por fim, mesmo com a baixa quantidade de pessoas escolhendo o trabalho presencial, este modelo apresentou associações com proprietários de empresas, profissionais da saúde e com pessoas acima de 50 anos de idade. Perfis que entenderam fatores como melhor interação com a equipe/gestor, redução de problemas de sanidade mental, ganhos de produtividade e melhor comunicação interna da empresa, foram pontos importantes para o modelo presencial em relação aos demais modelos citados.

O capítulo apresentado identificou oportunidades de melhorias para possíveis próximos passos, como a aplicação do questionário para mais pessoas (com o intuito de retirar os efeitos da baixa volumetria de pessoas acima de 50 anos e de identificar um perfil mais consistente para o público optante do modelo presencial como preferido) e a aplicação da pesquisa em estados do Brasil diferentes (buscando entender as diferentes escolhas de tipo de trabalho ideal considerando realidades socioeconômicas e de mix de ramos de atuação diferentes em relação ao público aplicado neste trabalho - pessoas das cidades de São Paulo, Santo André, São Caetano, São Bernardo,

Mauá e Ribeirão Pires - podendo proporcionar conclusões importantes sobre as diferenças de comportamentos de escolha de modelo de trabalho dentro do cenário nacional).

Outra oportunidade de avanço seria aprofundar no entendimento dos melhores meios de comunicação em cada modelo de trabalho e seus ganhos, pois ainda existe a necessidade dos colaboradores entenderem que quando estão trabalhando em casa, ainda assim não é um trabalho individual e se faz necessário contactar os demais membros da equipe para informar um possível problema, tirar dúvidas sobre as atividades e até mesmo informar a conclusão de tarefas, nesse sentido seria importante entender os avanços desses temas nos modelos de trabalho híbrido e *home office* após alguns anos de prática desses tipos de trabalho.

6 REFERÊNCIAS

CASTRO, F. T. O trabalho home office e as transformações dos ambientes organizacionais: tensões entre comunicação presencial e não presencial. Trabalho de conclusão de Curso (Curso Superior de Tecnologia em Gestão Empresarial) - Fatec São Carlos, São Carlos, 2022.

CARVALHO, J. R. P.; VIEIRA, S. R.; MORAN, R. C. C. P. Análise de Correspondência - Uma Ferramenta Útil na Interpretação de Mapas de Produtividade. Revista Brasileira de Ciência do Solo, vol. 26, núm. 2, 2002, pp. 435-443 Sociedade Brasileira de Ciência do Solo Viçosa, Brasil.

CARVALHO, M. S.; STRUCHINER, C. J. Análise de Correspondência: Uma Aplicação do Método à Avaliação de Serviços de Vacinação. Cad. Saúde Públ. Rio de Janeiro, 1992.

DINGEL, J. I.; NEIMAN, B. How many jobs can be done at home? Cambridge, Estados Unidos: NBER, 2020.

GOES, G. S.; MARTINS, S.; NASCIMENTO, J. A. S. Nota Técnica: potencial de teletrabalho na pandemia: um retrato no Brasil e no mundo. Carta de Conjuntura, n. 47, 2020.

LUZ, L. P.; OLIVEIRA, M. C. T. Um novo normal? A adoção do estilo híbrido pelas empresas de tecnologia pós pandemia do COVID-19. Revista Eletrônica e-F@tec, Garça, v.11, n.1, dez. 2021.

COORDENADORES

CLAUDIO FERNANDO ANDRÉ
Professor e Empreendedor. Especialista em Marketing Digital, Co-Produção de Conteúdo e Lançamento de Cursos Online. Mentor de Estratégias e Negócios de Resultados na Internet. Pós-Doutor em Informática e Doutor em Educação
E-mail: claudiofandre@gmail.com
Currículo lattes: http://lattes.cnpq.br/6583995948000666

JORGE COSTA SILVA FILHO
Doutor em Nanociências e Materiais Avançados (UFABC). Mestre em Tecnologia Nuclear em Materiais (IPEN/USP). Bacharel em Engenharia de Materiais e Ciências e Tecnologia (UFABC. Membro da Associação Brasileira de Pesquisadores Negros (ABPN).
E-mail: jorgecsilvaf@gmail.com
LinkedIn: https://www.linkedin.com/in/jorgecsfilho/
Currículo lattes: http://lattes.cnpq.br/4145205906151843

OS AUTORES E AS AUTORAS

ADRIANA CAMARGO DE BRITO
Arquiteta e Urbanista com doutorado em Engenharia Mecânica (POLI-USP), MBA em Data Science e Analytics (USP-ESALQ) e especialização em conforto ambiental e eficiência energética (FAU-USP). Experiência em IA, analytics, simulações computacionais e gestão de projetos no IP
E-mail: adrianab@ipt.br
Linkedin:https://www.linkedin.com/in/adriana-camargo-de-brito-70b01528/

DANIEL PAULINO FIGUEIREDO PADULA
Engenheiro Eletricista, Mestre em Ciências Aplicada à Medicina e Biologia (USP), MBA em Ciência de Dados e Análise (USP/Esalq). Sócio-proprietário da Real Poliformas por 15 anos.
E-mail: dfpadula@gmail.com
LinkedIn: https://www.linkedin.com/in/daniel-padula-197385192/

EMERSON DE ARAÚJO ANDRADE
Gerente de Projetos e Qualidade
E-mail: emerson.eng106@gmail.com

FABIANA BEHRENDT PEREIRA FERNANDES TIAGO
Profissional da área de dados com experiencia nos setores bancário e de telecomunicações. Graduada em Engenharia de Materiais pela UFABC, com pós-graduação em Data Science e Analytics pela USP Esalq.
Linkedin: www.linkedin.com/in/fabiana-behrendt-pereira/

GABRIEL DE ASSIS PEREIRA
Especialista em Data Science e Analytics pela USP/Esalq, com 3 anos de experiência em consultoria de dados.
Email: gabriel_assis66@hotmail.com/ **Linkedin: Linkedin:** https://www.linkedin.com/in/gabriel-pereira-a2b446195/

GABRIELA SABINO SOUZA
Especialista em Melhoria Contínua e Gestão de Projetos, com expertise em liderança de projetos para otimização de processos. Experiência na implementação de tecnologias para resultados eficazes. Habilidades em análise de dados e tomada de decisões embasadas, visando a excelência operacional e a maximização de resultados.
Email: sgabriela78@gmail.com
Linkedin: https://www.linkedin.com/in/gabriela-sabino-souza/

GUILHERME RUSTICCI MALAVAZE:
Formado em Ciência Econômicas pela Universidade Presbiteriana Mackenzie, pós-graduação Master in Banking, Financial Institutions and Economics pela FGV – SP e MBA em Data Science & Analytics pela USP-Esalq. Trabalha no Banco BV com atuação em Crédito e Riscos.
Email: guilherme_r_m@hotmail.com
Linkedin: Guilherme Malavaze -
https://www.linkedin.com/in/guilherme-malavaze-11618082/

GUSTAVO ALEX DE SOUZA
Coordenador de Panejamento Estratégico.
E-mail: gustavoalex85@gmail.com

GUSTAVO CAVALCANTE DORNER
Senior Associate Data Science & Analytics na Publicis Sapient.
E-mail: gcsilva83@gmail.com
LinkedIn: https://www.linkedin.com/in/gustavo-cavalcante-dorner-5159314b/

HIÊGOR BARRETO RODRIGUES
Especializado em Ciência de Dados, com experiência em liderança e análise estratégica. Possui MBA em Data Science, certificações avançadas e forte atuação em otimização de processos e eficiência operacional.
Email: hiegorbr@gmail.com
Linkedin: https://www.linkedin.com/in/hiegorbr/

ITALO NOGUEIRA MORAIS
Engenheiro Mecânico e Projetista do Produto PL.
E-mail: italonogueira31@gmail.com
LinkedIn: https://www.linkedin.com/in/italo-nogueira-morais-11aa15189/

LUCIANO AVALLONE
Professor com mais de 15 anos de experiência em química de materiais, biotecnologia e inovação. Consultor em gestão da inovação, desenvolvimento de projetos, prospecção tecnológica e conexão com players estratégicos
E-mail: avallonebueno@gmail.com
Linkedin: https://www.linkedin.com/in/luciano-avallone/